JOSH DOUGLAS

Schoolzaken

Hoe contant geld het schoolsysteem dynamiseert

Inhoudsopgave

Inleiding 5
   Hoogvliegende studies 11
   Zeer gezonde bereidingen 16
   De geldschool 24

1 29
   Over de ongelijkheid van vestigingen 29
   Zeer heterogene resultaten 32
   werkleider 37
   Hebben de beste scholen de beste leraren? 41
   Komen we meer vooruit op een goede school? 45
   Gewicht van de ouders 52

2 59
   De ijzeren adreswet 59
   Goede scholen maken buurten duur 69
   Getto's in Frankrijk? 74
   De kaart en het gebied 84
   Naar een afschaffing van de schoolkaart? 96

3 106
   Schoolsteunkrukken 106
   "Een kind in moeilijkheden is een onwetend kind... zijn sterke punten" 110
   Coaching, hoogwaardige service 115
   De rol van belastingvoordelen 119
   Law and Sciences Po speelt verstoppertje met de particuliere sector 123
   Internet: helpen of bedriegen? 128

4 135

De ontdekking van de wereld 135
Wij zijn de dunces 139
Cursussen en taalverblijven in overvloed 146
Geglobaliseerde scholen en Erasmus schieten te hulp 151
Het grote (en kostbare) vertrek 155
Een winstgevende ervaring 159

5 164
Na het baccalaureaat, TSF (alles behalve universiteit)! ... 164
Welke leerlingen voor welke scholen? 166
Een gevoel van onrechtvaardigheid 174
De sterk dalende aantrekkelijkheid van de universiteit 178
De "ondanks ons": studenten standaard en valse studenten
.... 190
I ♥ Universiteit van Versailles-Saint-Quentin-en-Yvelines 197

6 205
De grote sprong voorwaarts van particuliere scholen 205
Vanaf de kleuterschool 207
Vraag creëert aanbod 216
Beroepsscholen 222
Waar komt het geld vandaan? 228
Merknaam 236

7 242
De wereldwijde kennismarkt 242
De eerste globalisering 244
Onderwijs, wereldwijde industrie 250
Educatieve vrije zones 256
Azië verovert Azië 261

8 267

Stijgende collegegelden 267
Beste business schools 272
De race om de sterren 279
Winstgevende studies 285
Hoe zit het met buitenlandse studenten? 295
Zakelijke professionals? 299

9 305
Hoe zijn studies te financieren? 305
De prijsstijging zal doorgaan 306
Hoe te betalen ? 310
Lenen, maar dan? 314
45% student-medewerkers 318
Verrijk je cv 321

Conclusie 326
schaduwschool 329
Hoe zijn we daar gekomen? 331
fatalitas? 334

Invoering

Het begon toen Gaby me vroeg: "En tandheelkunde in Spanje, wat denk je ervan? »

Het was een oriënterend gesprek. Na het baccalaureaat gaan mijn laatstejaars ES-studenten (economisch en sociaal) het vaakst naar Sciences Po of commerciële voorbereiding als ze goed zijn, rechten of business school als ze minder goed zijn. Ze zien zichzelf als leidinggevenden, journalisten, advocaten of ondernemers. Tandartsen? Nooit.

Gaby is van plan toelatingsexamens af te leggen voor business schools die direct na het baccalaureaat rekruteren. Hij is een vrij gemiddelde student. Hij kent meer centrumspitsen van Real Madrid dan Nobelprijswinnaars in de economie, maar hij is een lange, energieke, donkerharige man, glimlachend, gemakkelijk in de omgang en met cijfers. Hij lijkt in staat een balans te lezen of stap voor stap te onderhandelen om een commercieel contract binnen te halen. Zijn keuze is daarom geloofwaardig. We gaan langs de scholen die hij zou kunnen proberen gezien zijn niveau en hoe hij zich moet voorbereiden op wedstrijden.

Het interview loopt ten einde en hier begint hij: "Dus, tandheelkundig, wat denk je ervan? Ik stel me voor dat ik een beetje verbijsterd kijk.

— Tandheelkundig? Wil je tandarts worden?

— Ik heb er niet echt over nagedacht. Maar het zou goed kunnen zijn.

Zelf kijkt hij nogal bedenkelijk. Ik pak de draad op van wat ik weet.

— Normaal gesproken moet je een bachelor S doorlopen en slagen voor de wedstrijd aan het einde van de PACES, het eerste jaar dat gebruikelijk is voor gezondheidsstudies. Dat lijkt me een beetje afwijkend van je reis tot nu toe...

Hij knikt.

— Precies. Door naar Spanje te gaan, kunt u tandarts worden zonder dat u de hele selectie hoeft te doorlopen. Een vriend van mijn vader vertelde me erover. Hij is tandarts en hij zegt dat de opleiding in Spanje correct is.

En spreek je Spaans? Het leek me dat je Duits deed?

Dus legt hij me het schema uit. Aangezien de diploma's in de hele Europese Unie worden erkend en de selectie in Frankrijk drastisch is, omzeilen kleine slimmeriken de hindernis door te vertrekken om elders in Europa te gaan trainen. Dit betreft de studies geneeskunde, tandarts, fysiotherapeut, dierenarts. Op mijn favoriete middelbare school, waar een derde van de studenten in de wetenschapsklassen voor medicijnen kiest, maakte de list zich al snel bekend bij de gemiddelde studenten, onzeker of ze de verschrikkelijke selectie van het eerste jaar aan de Parijse faculteiten zouden kunnen doorstaan. Gaby weet niet zeker of de lessen in het Frans zijn, maar een vriend van haar vader legde haar uit dat het een echte kans was. Dus hij dacht misschien...

Achteraf lijkt het vanzelfsprekend. Als economiedocent is het voor mij geen verrassing dat Europa de nationale normen overtreft. In de geneeskunde zorgt de numerus clausus, waarvan de logica niet zozeer voortkomt uit wetenschappelijke planning als wel uit de wens om pensioenen veilig te stellen en tegelijkertijd de uitgaven voor gezondheidszorg te verminderen, in bepaalde regio's tot echte medische woestijnen en tekorten in bepaalde specialismen zoals oogheelkunde; er is genoeg ruimte in de markt voor internationaal opgeleide afgestudeerden. Als gemeenschappen van gemeenten in de Drôme of de Cevennen zich organiseren om een Roemeense arts binnen te halen, waarom zouden ze dan geen beroep doen op een in Roemenië opgeleide Franse arts? Er is geen bewijs dat trainen in het buitenland slechter is. Toegegeven, studenten die in Frankrijk zijn opgeleid, beheersen differentiaalrekening, sesam om in het tweede jaar te slagen. Maar dat maakt ze nog geen betere dokters.

Na een paar keer klikken op het web wordt alles duidelijker.

Roemenië biedt aan om studenten te huisvesten voor ongeveer 5.000 euro per jaar, waarbij minimaal 5.000 euro voor accommodatie en eten moet worden opgeteld. De eerste drie jaar worden de lessen in het Frans gegeven. "Het is dan noodzakelijk om Roemeens te spreken, vooral om met patiënten te communiceren", specificeert medecineroumanie.org.

Duurder: een student die daar tandheelkunde gaat studeren, vertelt me dat Spanje het beste scoort. Particuliere universiteiten geven cursussen Frans, leiden artsen, tandartsen of dierenartsen op. Zij en haar ouders plannen een budget van 30.000 euro per jaar: 16.000 euro voor schoolgeld en 14.000 euro voor rentmeesterschap. Ruim vijf jaar is het dus een bestedingsplan van 150.000 euro, een cijfer waar je duizelig van wordt. "Het is echter de moeite waard", zegt ze authentiek. De kosten van wisselplaten zullen niet dalen.

Vijf of tien jaar eerder waren de ballingen studenten die de test twee keer hadden gebombardeerd, maar die bereid waren om daadwerkelijk specialisten te worden. Momenteel vertrekken baccalaureaathouders zonder een poging te wagen in Frankrijk, omdat het minder verontrustend is.

Het is duidelijk dat deze wilde ontwijking van de door de colleges gecoördineerde vastberadenheid reacties oproept. In principe is het mogelijk om, na gevorderd te zijn met je onderzoek in het buitenland, de openbare examens in Frankrijk af te ronden, een examen dat de wedstrijd voor inwonende scholen heeft vervangen. Echter, onder spanning van de Raad van Beheer en specialisten die in het personeelsbestand verschijnen, moet de overheid voorkomen dat studenten die twee keer in Frankrijk zijn geflopt, doorgaan met hun voorbereiding daar nadat ze naar het buitenland zijn gegaan.1.

Aangezien het niet moeilijk is om vijf of acht jaar in ballingschap te gaan, begint een meer pretentieloos voorstel werkelijkheid te worden. De Free Place for Worldwide Advanced Education (CLESI) biedt studenten (voor 6.500 euro tot 9.500 euro per jaar, hoe dan ook niet anders), in alle klinische en paramedische sterktes, twee jaar voorbereiding in Frankrijk, en stuurt ze vervolgens naar Portugal om hun cursus af te ronden en een erkenning te krijgen. "De CLESI geeft geen certificaat af in Frankrijk. Het bereidt studenten voor om een Europese erkenning te krijgen en specifiek aan het Fernando Pessoa College van Porto waarmee de CLESI heeft ingestemd met een wetenschappelijke verbindingsregeling" , specificeert de site. Een belangrijk detail: omdat het geen diploma afgeeft, heeft het Centrum geen accreditatie nodig. Een late wijziging van de wet van augustus 2013 heeft tot doel deze omzeiling te voorkomen door deze centra te verplichten een overeenkomst te sluiten met een Franse universiteit; in maart 2015 werd nog gewacht op het uitvoeringsbesluit.

Het knallen van de numerus clausus lijkt dus op de goede weg.

Hoogvliegende studies

Geïnformeerd door deze aflevering, toon ik meer aandacht voor de informatie die van mijn studenten afkomstig is en ontdek ik dat de medische sector niet de enige is die wordt getroffen door deze omzeilingsstrategieën. Een nogal middelmatige tweede leerling legde me op een dag uit dat hij na een ES-serie piloot zou worden. Hij volgt al vlieglessen. Terwijl ik hem erop wijs dat dit moeilijke studies zijn, voorbehouden aan wetenschappers, antwoordt hij met de verzekering dat hij naar een privéschool zal gaan. Dus ik leer wat meer over deze baan die veel tieners doet dromen. In Frankrijk wordt de pilotenopleiding verzorgd door een openbare school van hoog niveau, ENAC (National School of Civil Aviation). Geselecteerd na een wiskundecursus - voorbereidende klas voor de Grandes Ecoles die gespecialiseerd is in wetenschap, die afgestudeerden van hoog niveau wetenschappen rekruteert -, wordt minder dan 2% van de kandidaten geselecteerd voor een opleiding van achttien maanden. Het collegegeld bedraagt 610 euro per jaar. Ik begrijp dat mijn student, wiens niveau hem niet eens toestaat om naar de eerste wetenschap te gaan, dat wel heeft gedaan zocht naar een alternatief.

Dit bestaat in Canada of België. Een bachelor met een correct niveau in wis- en natuurkunde zonder noodzakelijkerwijs een wetenschapper te zijn, kan naar een privéschool zoals de Belgische vliegschool gaan en hun certificering behalen. Het moeilijkste is het betalen van de registratierechten. "Vliegen is duur", zegt de website van de school. Het is waar dat de Spaanse tandartsscholen het in vergelijking slecht doen: het programma van eenentwintig maanden, gevolgd in België en Florida, kost de leerling-piloot (en vooral zijn gezin) het bescheiden bedrag van... € 82.900. Voeg daar nog enkele diverse kosten aan toe, waaronder een toegangsbadge van de luchthaven aan 65 euro (!) en de totale kost van de opleiding komt op bijna 90.000 euro. Het diploma wordt in heel Europa erkend, maar een baan aan het einde van de opleiding is niet gegarandeerd;

Laten we samenvatten. Betaalbaar en genietend van een zeer positief imago bij jongeren, worden bepaalde beroepen stormenderhand veroverd. Dierenarts, dokter, piloot zijn allemaal kinderdromen die roepingen zijn geworden. Om te voorkomen dat bijvoorbeeld dierenartsen voor slechts patiënten twee poedels en een kanarie per dag hebben, wordt de toegang tot deze beroepen door steeds moeilijker wordende competities met een hangslot afgesloten. We kunnen de selectiemethoden aanvechten, die noodzakelijkerwijs willekeurig zijn. Duitsland rekruteerde ooit zelfs geneeskundestudenten door middel van loting - wat de verdienste had dat iedereen op gelijke voet kwam te staan.

Behalve dat toegang tot deze beroepen nu kan worden gekocht; duur en stiekem.

Vanuit een publiek moreel oogpunt is dit beschamend. Voor een systeem gebaseerd op meritocratie is deze afleiding een ramp. Maar zolang het aantal betrokken personen en beroepen beperkt blijft, zolang het niet algemeen bekend is, kan het systeem daar overleven en doorgaan zoals voorheen, duizenden studenten die het spel van selectie spelen.

Om deze gedachte te testen, heette ik mezelf welkom bij Muriel, wiens kleine meisje Chloé in haar meest memorabele jaar van medicatie in Paris-V-Descartes zit. De rijke familie woont in een middenklasse-regio van de hoofdstad. Ik herinner me dat Chloé benedengemiddeld op de vertrouwelijke middelbare school Heilige persoon Jean de Passy, als "caillera de Janson" de leerlingen van de beroemde aangrenzende middelbare school Janson de Sailly afbeeldde. Ze groeide echter op. Ze heeft haar hoofd op haar schouders en haar ouders zouden niet toestaan dat ze zich de waarde van contant geld niet herinnert. Ze dringt haar ijverige avond binnen om thee bij ons te drinken. Ik vraag of ze weet wat de kans is om zich te concentreren op Roemenië of Spanje.

— Zeker. We realiseren ons als geheel dat individuen hierdoor geïntrigeerd zijn. Hoe dan ook, hallo, wat gaan ze meteen doen? Zouden ze op een gegeven moment studenten kunnen worden, hoofden van faciliteiten? Zouden ze ooit erkend kunnen worden als specialisten? In ieder geval beseft iedereen bij Descartes dat de oppositie lastiger is dan ergens anders. In het geval dat individuen besluiten om daar te komen, is het om een behoorlijk niveau te hebben en de mogelijkheid te hebben om hun specialiteit te kiezen tegen het einde van het vijfde jaar. Zo niet, ga dan naar Amiens en verdubbel je kans om als beste uit de bus te komen.

Maar het verbaast je niet, dat we de selectie kunnen omzeilen als we ouders hebben die 10.000 euro per jaar kunnen laten vallen voor Roemenië of zelfs meer voor Spanje?

Het is een beetje jammer. Maar het is niet alsof het gratis is in Frankrijk, antwoordt ze lik op stuk.

Wat ? Zijn medische studies niet meer gratis?

Nee, dat zijn ze niet meer .

Zeer gezonde bereidingen

Rustig en methodisch vertelt Chloe me over het geld. En ik ontdek dat er discreet een nieuwe markt is gecreëerd. In theorie is het heel goed mogelijk om universitaire cursussen te volgen, te herzien, de wedstrijden te halen, te slagen zonder iets uit te geven. Maar gemiddeld brengt slechts 10% van de studenten hun tweede jaar door in Parijs, Marseille of Montpellier. De kansen van degenen die aanvullende cursussen kopen van particuliere organisaties zoals Médisup, Supsanté of Excosup nemen serieus toe. Médisup heeft daarmee een slagingspercentage van bijna 50% in de verschillende universiteiten.

Deze voorbereidingen worden als pakket verkocht: je kunt al dan niet een vooropleiding volgen, vakken kiezen waarbij je hulp nodig hebt, oefenwedstrijden doen, kiezen voor herhalingscursussen, etc. In totaal kost een relatief complete voorbereiding ongeveer 5.000 euro, dezelfde prijs als de training in Roemenië. Deze kosten dekken echter alleen het eerste jaar ... dat meestal twee jaar duurt, aangezien tweederde van de bonnen in veel hogescholen repeaters zijn. Kan net zo goed 10.000 euro tellen.

Een nieuwe niche is onlangs geopend. Sommige particuliere voorbereidingen bieden een "nuljaar" tussen het baccalaureaat en het eerste jaar geneeskunde, voor een bedrag van ongeveer 8.000 euro. Dit is met name interessant voor studenten die nog niet geslaagd zijn voor een wetenschappelijk baccalaureaat en op deze manier hun achterstand in de wetenschap hopen in te halen . Ze bieden ook cursussen en stages aan in de laatste jaarklas. Niets is in seconden gepland voor toekomstige artsen, maar het is slechts een kwestie van tijd.

Drie op de vier studenten volgen nu een voorbereidingscursus, een 'stal' zoals ze in Marseille zeggen, naast universitaire cursussen. Briljante onderwerpen die hun koers uitstippelen zonder hun toevlucht te nemen tot het privé, vormen een uitzondering. De logica van de competitie is om betere resultaten te behalen dan de anderen, iedereen is bang minder goed voorbereid te zijn als ze het zonder voorbereiding doen. Een pre-entry course identificeert bijvoorbeeld de belangrijkste onderwerpen die in het eerste semester aan bod komen en begint al met de voorbereiding op de competitie. Het meest veeleisende onderwerp, natuurkunde, veronderstelt dus het beheersen van differentiaalrekening. Deze wiskundige techniek komt echter niet meer voor in het curriculum van de middelbare school. Wie er tijdens de vooropleiding mee kennis maakt, is uiteraard in het voordeel. Ze komen zelfverzekerder aan, beter voorbereid, minder overdonderd door het tempo van de eerste weken. Bovendien, legt Chloé me uit, zijn er tijdens de stage vriendschappen gesloten, werkgroepen gevormd. Degenen die er geen hebben gevolgd, hebben het gevoel uit het spel te zijn.

In Descartes ontmoet Chloé de dochter van een taxichauffeur die een voorbereidende school volgt om de droom van haar vader om een doktersdochter te krijgen, waar te maken. Ze merkte dat haar vader later thuiskwam van zijn werk sinds ze op de universiteit zat. Dus wanneer de twee studenten moe worden van het reciteren van hun anatomische lessen en het fibulaire facetgewricht en de fibulaire tibia-inkeping beginnen te verwarren, is zij degene die erop staat nog wat langer te werken.

— Het is gek om te kiezen uit concepten die studenten nauwelijks ontdekken, wijs ik erop. Als ik het goed begrijp, gedijt het voorbereidingssysteem op de zwakheden van de universiteit.

— Je weet niet hoe goed je bent. College is onzin. De amfitheaters zijn zo vol dat ze er een tweede opzetten, met videoprojectie van het parcours. In Bichat zijn dat er zelfs drie. Plots is er lawaai, lachende mensen, herhalingen die opzettelijk de les verstoren die ze al hebben gemaakt. Ben je geschokt? Maar er is erger: repeaters die je bijvoorbeeld aan het begin van het jaar valse informatie geven. Hoe dan ook, de lessen zijn onbegrijpelijk als je er van tevoren niet aan hebt gewerkt.

— Maar je kunt vragen stellen in tutorials, als je het niet hebt begrepen.

Nee ?

Ze haalt haar schouders op. Er zijn slechts zes uur werkcolleges per week in het eerste semester en anderhalf uur werkcolleges per twee weken in het tweede semester. Bovendien stoppen de universitaire lessen een maand voor de wedstrijd. We willen graag een privéruimte openen die we anders niet zouden doen. De particuliere sector gedijt op de tekortkomingen van het openbaar onderwijs en aarzelt niet om ze kenbaar te maken.

Niet zonder sadisme specificeert Excosup op de startpagina van zijn site:

Op de faculteit worden lessen in PACES georganiseerd in de vorm van colleges die plaatsvinden in amfitheaters, die soms drukbezocht zijn en vaak via videoconferentie worden uitgezonden. Dat staat in schril contrast met de kleine klassen op openbare en particuliere middelbare scholen. De student is dus alleen verantwoordelijk voor de cursusnota's, hun transcriptie en hun assimilatie in een recordtijd onder andere omstandigheden dan die van een middelbare schoolklas.

ik hervat:

— Zijn de voorbereidingen echt beter geregeld?

— Duidelijk, antwoordt Chloe. Ze bevinden zich

direct naast de universiteiten, om geen tijd te verspillen. Hun roosters zijn aangepast aan die van de universiteit. We krijgen heel duidelijke cursusbladen en de referenten komen de hele tijd bij ons langs om te vragen of we het begrepen hebben.

— Kunt u mij uitleggen wat referenties zijn? Ze gunt zichzelf een glimlach.

— Het zijn tweedejaars studenten die betaald worden door Médisup en die ons helpen. Zij zijn voor en na de les aanwezig, beantwoorden vragen. Ik weet niet hoe ze ze selecteren, maar ze zijn allemaal goed gekleed, merkkleding, mooie presentatie... Misschien het geld dat ze verdienen door doorverwijzers te zijn.

— Het loont ? Ze knikt.

— Het lijkt erop dat de inschrijvingen in juli het beste zijn. Ze worden betaald om reclame te maken voor de voorbereiding en om studenten te werven. Ze kunnen in een maand 2.000 euro verdienen. Daarna is het meer dan 400 euro per maand. Iedereen meldt zich in ieder geval aan zodra de resultaten van het eerste jaar bekend zijn en de voorbereidende studenten hoeven alleen nog hun keuze te maken.

Ik leer ook dat voorbereidende leraren leraren kunnen zijn van CPGE (voorbereidende klas voor de Grandes Ecoles), maar ook leraren van de medische school. Chloé lijkt het ethische probleem van een dergelijke situatie niet te zien, de professor heeft misschien niet-openbare informatie over de cursussen of de onderwerpen. De Médisup-site kan niet duidelijker zijn: de docenten "kennen de vereisten van elke professor in de faculteit". "Médisup Sciences weet programmawijzigingen te ondersteunen en vaak zelfs te anticiperen. Ik sta er liever niet bij stil.

Een andere lucratieve business betreft examens. Als gevolg van de centralisatie naar Frans model impliceert gelijke behandeling van kandidaten identieke examens die door alle kandidaten op dezelfde plaats worden afgelegd. Competities vormen daarom een echte logistieke hoofdpijn. Ze vinden vaak plaats in grote, afgezonderde zalen, waarvan het meest succesvolle voorbeeld het tentoonstellingscentrum Villepinte, ten noorden van Parijs, is, waar soms meer dan vijfduizend kandidaten verblijven. Bedoeld voor beurzen, het is een enorme hangar, waarin de studenten zich bewust worden van het aantal mensen dat voor dezelfde wedstrijd als zij wil slagen.

Villepinte is bereikbaar met RER B, bekend om zijn onbetrouwbaarheid. Bevend vertelt Chloe me het afschuwelijke verhaal van een ademloze student die met een koffer in de hand aan komt rennen en tegen een onbuigzame bediende botst die haar verbiedt te componeren. Twee minuten te laat, ze moet over een jaar terugkomen. Sterker nog, gestreste kandidaten blijven over het algemeen liever ter plaatse. Zodra de wedstrijddata bekend zijn, staan de hotels in rep en roer. De best geplaatste worden soms op een dag ingevuld.

Zowel tijdens examens als op beurzen verdubbelen, verdrievoudigen of zelfs vertienvoudigen de prijzen, aldus de Vereniging van Medische Studenten, die een telefonische toetsing organiseerde. De kamers kosten dan ongeveer 400 euro voor drie nachten, dus een budget van ongeveer 1.000 euro voor de twee examensessies in december en mei.

De geldschool

Tussen medicijnen en piloten van luchtvaartmaatschappijen ben ik verscheurd. Medische studies zijn lang en moeilijk en geneeskunde is grotendeels een openbare dienst. Hoe kunnen we discriminatie door geld accepteren? Je hoeft geen zwarte huzaar van de Republiek te zijn om verontwaardigd te zijn over deze ernstige wijziging van ons onderwijssysteem. Het valt nog te bezien of dit een uitzonderlijke situatie is, gekoppeld aan de popularteit van enkele beroepen, of het teken van een meer algemene ontwikkeling. Ik wilde het onderzoek leiden en het leek mij dat ik daarvoor niet in de slechtste positie verkeerde.

In 2012 vertelde een collega en vriend me dat hij zijn post op een zeer goede middelbare school zou verlaten, gelegen in een van de meest chique wijken van Parijs. Omdat ik verandering wilde, nam ik zijn baan aan (dingen zijn natuurlijk niet zo eenvoudig, maar je wilt het misschien niet weten). Dus hier ben ik op de François Quesnay middelbare school [2], in een monumentaal pand dat eruitziet als een kasteel. Een wenteltrap, bedekt met een dik tapijt, leidt naar het kantoor van de directeur met dubbel beklede deuren die een bediening waardig zijn. De leden van de regering aarzelden niet om tussenbeide te komen om een beschermeling tot het establishment toe te laten. Door een grappige sociale nabootsing dragen veel leraren het pak en de stropdas. Voor het eerst in mijn carrière gebruiken sommige collega's mij als jou. De docenten van de voorbereidende klassen mengen zich echter soms met de

"voetsoldaten" van de middelbare school en het college, in een democratische oecumene die niet het feit is van alle grote middelbare scholen.

Op het eerste gezicht zijn de studenten er als elders, behalve dat ze allemaal zeggen

" hallo " en "tot ziens" en kijk recht uit een Apple Store. Sommige hebben een e-mailadres dat eindigt op monnomdefamille.fr. Een collega meldt me gedienstig dat de vader van die en die in het kabinet van een minister werkt en dat die ander een televisiezender regisseert. In de loop van de maanden ontdek ik studenten die privélessen volgen in de eerste slechte klas, coaches hebben, zich voorbereiden op Sciences Po op zaterdag in privéscholen of wiskundecursussen volgen tijdens korte vakanties. Na het baccalaureaat gaan ze verder met een business- of engineeringschool, in voorbereiding, maar ook aan Canadese of Engelse universiteiten. Dit alles heeft een prijs.

Deze middelbare school is daarom de ideale plek om de duizend-en-een manieren te observeren waarop geld een schoolcarrière kan stimuleren of rechtzetten. Het bespreken met mijn studenten en hun ouders opent vele wegen voor mij. Geld is bijna overal. Elke keer als ik erover praat om me heen, hebben familie, vrienden, collega's verhalen te vertellen, dingen toe te voegen. Maar deze schendingen van de republikeinse gelijkheid blijven toegeschreven aan het tropisme van dit of dat gebied, terwijl het algemene principe vrij blijft. In werkelijkheid, als de tafel eenmaal is ingevuld, komt het beeld naar voren van een diep corrupt systeem, waarin geld het verschil maakt. De financiële crisis van 2008 heeft de evolutie van de relatie met geld bij ons grote publiek aan het licht gebracht en heeft de "battle for places3" nieuw leven ingeblazen. Het zou verbazingwekkend zijn geweest in de veronderstelling dat de school was gered. Het is verbluffend hoe ze is veranderd. Net zoals schaduwfinanciering, gebruikt door welgestelde individuen, onopgemerkt door administratieve organisaties werkt en momenteel meer geld verwerkt dan conventionele banken, vormt een archipel van particuliere stichtingen wat men de "schaduwschool" zou kunnen noemen.

Dit boek laat alle impact zien van contant geld op de met vallen gegooide weg die leidt van de ondersteuning naar het werk. Het zal talloze plannen geven aan alle voogden van studenten die geen idee hebben hoe ze hun chequeboek moeten beheren en veel verklaringen voor woede bij andere mensen. Van wat ik om me heen zag, waren er blijkbaar fundamentele vragen: hoe zou je naar het Lycée Quesnay komen? Om welke reden halen zelfs de tengere studenten van Quesnay eigenlijk het baccalaureaat? Waarom zijn mijn leerlingen zo goed in dialecten? Om welke reden zegevieren ze in ieder geval in het voortgezet onderwijs, wanneer hun vestigingen delicaat zijn? Om welke reden weigeren ze hardnekkig om naar de universiteit te gaan?, enzovoort. Zulke talloze vragen die ik zonder beperkingen probeer te beantwoorden, waarbij de complexiteit van een vernederd schoolsysteem wordt blootgelegd

Inleidende opmerkingen

1. Een eerste decreet in die zin, gepubliceerd in 2011, werd echter aangevochten door de Raad van State in een beslissing van 23 januari 2013, naar aanleiding van een klacht van studenten in Cluj (Roemenië).

2. De wens om een fictieve naam te gebruiken, die van een zeer groot econoom, wiens naam geen enkele middelbare school in Frankrijk draagt, leek mij gepast.

3. Michael L.USSAULT, Van de klassenstrijd tot de strijd om plaatsen, Grasset, coll. "Geleefde werelden", Parijs, 2009.

1

Over de ongelijkheid van etablissementen

een kind uit OC+ heeft gemiddeld twee keer zoveel OC+ klasgenootjes in zijn klas als een kind dat niet uit OC+ komt ouders [1]. »

L heeft eerst I ongelijkheidgerelateerd e _ bij de ar mensen ben jij de i negatief kwaliteit van de schoolgebouwen waar een kind toegang toe heeft. Zelf gaat ze niet. Frankrijk is tenslotte een gecentraliseerd land. Het gezag van de staat legt de rekrutering van leraren op nationale schaal op, wat in weinig landen bestaat. Ook de roosters van de leerlingen en de verdeling van de disciplines zijn landelijk, van basisschool tot middelbare school. De programma's zijn op elkaar afgestemd. Van veraf gezien (bijvoorbeeld vanuit de Rue de Grenelle) lijkt het schoollandschap op een gigantisch leger, in uniform, dat in koor marcheert. Het is zeker mogelijk dat sommige scholen beter zijn dan andere, vanwege de bevolking die ze verwelkomen, maar het onderwijs en de slaagkansen van een leerling met een bepaald startniveau moeten overal gelijk zijn.

Het is niet zo. De kloof tussen de etablissementen wordt elke dag een beetje groter. Op zoek naar de kleinste contrasten, een groeiend aantal voogden van studenten zijn zeer goed op de hoogte van deze kwaliteitsverschillen. Ze worden ook geholpen door de positionering van middelbare scholen die elk jaar door de dienst in het voorjaar wordt verspreid, die Le Figaro op een redelijke manier ontcijfert door een artikel te plaatsen: "Waar moet je wonen om te zegevieren op school ?2 ? »

Hoe het ook zij, de dingen zijn verrassend verward. De fundamenten zijn noch homogeen, noch verschillend geëgaliseerd op een onaantrekkelijke manier, van de middelbare school van de rijken tot de middelbare school van de armen. Op deze manier kreeg een van mijn klassen in september 2013 een afschuwelijke leerling-opvoeder. Sinds hij antidepressiva gebruikt, compenseert hij zijn gebrek aan kracht met opmerkingen die, hoe hoog ze ook zijn, ongerijmd zijn en niet echt opvoeden. Men kan nadenken over het inschrijvingssysteem dat dit soort variatie veroorzaakt, maar het is een realiteit. De reactie van voogden op studenten is intrigerend. Ze zijn duidelijk verontwaardigd dat hun kinderen worden gedeeld met zulke ongetalenteerde handen, maar dit is denkbaar in Quesnay. Sommigen gaan verder en zijn van mening dat de landonderneming die ze hebben aangegaan om hun kinderen naar deze school te laten gaan, hen zou moeten beschermen tegen dit soort risico's. Dat is niet het geval. In het geval dat de beslissing van het hoofd van een middelbare school als Quesnay geen risico wordt genomen, worden de docenten daar beïnvloed door het grote visueel gehandicapte organisatiewiel. Een degelijke middelbare school is niet ongevoelig voor projectiefouten .

Bovendien, wat is een fatsoenlijke middelbare school? De primaire reflex is om te beslissen over de uitkomsten. Volgens deze meetlat is de middelbare school in Quesnay geweldig. Desalniettemin zijn hier enkele negatieve opmerkingen afkomstig van internetfora: "Eerlijk gezegd een zeer slechte middelbare school, die je moet vermijden. Extreem elitair, geen studentenondersteuning. Als je niet van wiskunde houdt, ga dan verder"; "Ondanks de resultaten op het baccalaureaat... Een lelijke sfeer. Een waanzinnig elitarisme". Dus wat moet je geloven?

Zeer heterogene resultaten

Het slagingspercentage voor het college-octrooi varieert van 36% tot 100% in Parijs. Landelijk hebben de vijftig beste hogescholen meer dan 93% cum laude afgestudeerd. Omgekeerd, de vijftig slechtste, minder dan 37%. En het lukt niet. De studies van het Ministerie van Nationaal Onderwijs melden een toename van de niveauverschillen tussen hogescholen tussen 1993 en 2001 en vervolgens tussen 2003 en 2009 [3]. Het is waarschijnlijk dat de trend sindsdien sterker is geworden, zoals blijkt uit de PISA-enquêtes [4] alleen betrekking op het niveau van de wiskunde.

Alle landen hebben goede en slechte universiteiten. Maar Frankrijk springt eruit met bijzonder grote verschillen. Europese studies over het leesniveau in hogescholen tonen aan dat bijna 60% van de niveauverschillen tussen leerlingen verband houdt met de niveauverschillen tussen vestigingen in Frankrijk, vergeleken met 10% tot 15% in de Scandinavische landen. [5] . Met andere woorden, de heterogeniteit is veel sterker in Frankrijk. In Duitsland is de situatie ongeveer vergelijkbaar, maar dit land heeft drie soorten vestigingen en geen enkele hogeschool. Dezelfde observatie wordt gemaakt op alle niveaus van het onderwijssysteem en culmineert in de voorbereidende lessen, ongelooflijk geconcentreerd, aangezien de middelbare scholen van het 5e arrondissement van Parijs (2,5 km2) meer normaliens produceren dan de rest van het land! Van de beste prépas in Frankrijk – waarvan de studenten toegang hebben tot de beste scholen – bevindt slechts 25% zich in de provincies voor de prépas

commercieel , 30% voor wetenschappelijk en 45% voor literair.

Het is moeilijker om de ongelijkheden tussen middelbare scholen te benadrukken. De prijslijsten, waar de media gretig gebruik van maken, leveren vooralsnog weinig spectaculaire resultaten op, want minder dan één op de vijfentwintig middelbare scholen heeft een slagingspercentage van minder dan 80%. De situatie zal uiteraard veranderen wanneer de pers prijslijsten publiceert op basis van bijvoorbeeld het aandeel vermeldingen of integratie in voorbereidende lessen... wat niet lang meer op zich laat wachten. Een dergelijke ontwikkeling zou de kritiek van de winnaars versterken, die ervan worden beschuldigd luidkeels een boodschap van ongelijkheid naar de ouders van leerlingen te sturen: "De middelbare scholen zijn van zeer wisselend niveau. Maak uw markt. Een boodschap die het schoolconsumentisme alleen maar kan versterken.

Het probleem is dat deze resultaten meer de kwaliteitsverschillen van leerlingen meten dan van scholen. Tijdens mijn eerste jaar op Quesnay, toen ik de studenten nog niet kende, presenteerde ik een kleine tekst over de sociale betekenis van consumptie aan de tweede. Een jongen kwam tussenbeide en ontketende grote ontwikkelingen bij de gedachte aan Jean Baudrillard, die blijkbaar geen geheim voor hem had. Ik antwoordde hem, maar ik moest onze uitwisseling snel beëindigen, omdat de rest van de klas volledig overweldigd was. Het lijdt geen twijfel dat deze briljante student een "zeer goede" vermelding zal krijgen, of zelfs een prijs in het algemeen concours. Maar heeft hij dat te danken aan Quesnay, aan mijn lessen of aan een uitzonderlijke persoonlijke en familiale cultuur?

Om de prestaties van middelbare scholen te meten, in plaats van hun sociale samenstelling, berekent het ministerie een "toegevoegde waarde" van elke instelling door haar resultaten te vergelijken met de gemiddelde resultaten die overeenkomen met de sociale samenstelling van haar bevolking. Deze indicator laat zien dat sommige middelbare scholen het veel beter doen dan hun locatie of populatie doet vermoeden. Zo slaagt 85% van de leerlingen van de middelbare school Montesquieu in Bordeaux voor het baccalaureaat, terwijl dat 93% zou zijn als het slagingspercentage van het etablissement zou overeenkomen met wat de sociaal-professionele samenstelling ervan gemiddeld geeft. Omgekeerd wordt 96% van de kandidaten van de middelbare school Anatole de Monzie, in Bazas, ontvangen, acht punten meer dan verwacht voor dit etablissement.

Als de ouders van studenten deze informatie zouden gebruiken, zouden ze een kans kunnen geven aan high-performance middelbare scholen in relatie tot de bevolking die ze verwelkomen. Maar ze doen heel weinig. De meerderheid van de ouders stelt geen vragen, de anderen gaan vooral uit van persoonlijke contacten en reputaties, die niet altijd resultaatgebonden zijn. Deze reputatie-effecten werken twee kanten op. Zo zijn de studenten uit kansarme milieus in Montfermeil, in Seine-Saint-Denis, erg bang om naar het Lycée du Raincy te gaan, dat bekend staat als veeleisend, en proberen het te vermijden.

Universiteiten hebben ook verschillende doelgroepen en niveaus, afhankelijk van waar ze zich bevinden. Maar dit contrast is alleen zichtbaar in zeer grote steden, die meerdere universiteiten hebben en voorrang geven aan de leerling in de academie waar hij in het laatste jaar is ingeschreven. Van de nieuwe baccalaureaathouders die aankomen in Paris-II-Panthéon-Assas (academie van Parijs), heeft 5% een technologisch baccalaureaat en 1% een professioneel baccalaureaat; 24% heeft een schoolvertraging. In Parijs-XIII-Villetaneuse (academie van Créteil) heeft 42% een technologisch baccalaureaat, 18% een professioneel baccalaureaat en 54% is te laat. Slechts een kwart van de studenten gaat naar het tweede jaar na hun eerste jaar licentie, aan deze universiteit in het meest achtergestelde deel van Île-de-France. Deze zeer slechte resultaten (het landelijk gemiddelde is 43%) zijn uitsluitend te verklaren door de sociaal-professionele afkomst van de studenten.

Een goede instelling zou daarom in de eerste plaats een instelling zijn met goede studenten, zelfs een instelling met een goede reputatie. Na acht jaar op de middelbare school te hebben gezeten

" moeilijk ", ingedeeld in ZEP (prioritaire onderwijszone), gevoelige zone en geweldpreventiezone (de drievoudige kroon!), werk ik vandaag in de meest begunstigde openbare middelbare school in de regio. Wat onderscheidt deze twee werelden?

baan hoofd

De goede reputatie van een vestiging hangt vaak samen met zijn anciënniteit. Hogescholen en middelbare scholen werden echter voor het eerst gebouwd in de burgerlijke buurten van steden, arbeidersbuurten en plattelandsgebieden, waardoor er tot de jaren zestig nauwelijks kinderen naar deze etablissementen werden gestuurd. Deze goede etablissementen liggen dan ook "van nature" in leuke buurten.

Sinds mijn intrede in het Nationaal Onderwijs, meer dan dertig jaar geleden, heb ik veel "nieuwe middelbare scholen" zien bouwen aan de rand van het verstedelijkte gebied. Het zijn vaak oude omgebouwde technische inrichtingen, wat hun architectuur verraadt: over het algemeen een samenstel van kubussen met een ogenschijnlijk skelet, geplaatst op een betonnen ondergrond opgefleurd met spichtige bomen. Zich bewust van de triestheid van het gebouw en het totale gebrek aan identiteit, schilderen de architecten of managers het soms in felle kleuren of stucen ze een fresco op de gevel.

Integendeel, de middelbare school in het stadscentrum is vaak gebouwd van hardsteen en baksteen. De hoge traliewerkvensters en de majesteit van de veranda geven het een zekere allure. Het is georganiseerd rond een centrale binnenplaats beplant met kastanje- of platanen. Er is soms zelfs een monument voor de doden, getuige van vorige generaties in de gangen, of zelfs een kapel die herinnert aan een glorieus verleden. Ook al laten deze oude etablissementen tocht door en zijn ze vreselijk lawaaierig, ze kunnen de studenten alleen maar een respect opwekken dat de sierlijke constructies van de laatste decennia nauwelijks kan overwinnen.

Laten we het voor de hand liggende onthouden: er zijn meer goede studenten met een bevoorrechte achtergrond. Natuurlijk komen slimme studenten uit alle lagen van de bevolking. De socioloog Pierre Bourdieu is het beste voorbeeld. Terwijl zijn werk laat zien dat de school de bevoorrechten bevoordeelt, illustreert zijn persoonlijke verhaal integendeel het vermogen van de school om leerlingen soms te onderscheiden van bescheiden middelen. Zoon van boeren uit Béarn, hij was een uitstekende leerling en werd als zodanig toegelaten tot de middelbare school in Pau, waar hij stage loopt. Een van zijn leraren moedigde hem aan zich aan te melden bij de hypokhâgne van Louis-le-Grand, een prestigieuze Parijse middelbare school. Toegelaten tot de École Normale Supérieure aan de rue d'Ulm, werd hij universitair hoofddocent filosofie en beëindigde hij zijn loopbaan als professor aan het Collège de France, de Everest van de Franse school.

Maar dit voorbeeld betekent alleen maar dat uitzonderingen de regel bevestigen, die stelt dat de kans dat een kind slaagt op school gekoppeld is aan zijn sociale afkomst. De trend is inderdaad stevig verankerd. Bijvoorbeeld, een student wiens ouders zijn geclassificeerd als leidinggevenden en hogere intellectuele beroepen, heeft vijftien keer meer kans om naar een voorbereidende klas voor de Grandes Ecoles te gaan dan een kind van arbeiders. [6] . Alle statistische gegevens bevestigen dit.

Desalniettemin richten niet veel onderzoeken zich expliciet op de impact van beloning. Voorzichtig kijkend vond ik een concentraat van INSEE (Openbare Stichting van Metingen en Financiële Onderzoeken) over studievertraging7. Ze vertelt ons dienovereenkomstig dat 18% van de jongeren op achttienjarige leeftijd achterloopt op school, terwijl hun ouders worden ingedeeld bij de 20% van de bevolking met de meest opmerkelijke inkomsten, hoewel de helft behoort tot de 20% met de minste middelen van bestaan. meest minimale loon. Op een vergelijkbaar leerniveau van de voogden, is een Major League-salaris gerelateerd aan betere mogelijkheden voor wetenschappelijke prestaties voor jongeren.

Het is te verwachten. Het hebben van een individuele kamer is bijvoorbeeld getoond om de schoolprestaties in wezen te verbeteren. Vaststelling: het aantal inwoners in een welgesteld gebied heeft een hoger dan normaal leerzaam niveau.

Hebben de beste scholen de beste leraren?

Toen ik op een zeer kansarme middelbare school werkte, gebeurde het een paar keer dat een leerling, die over het algemeen goed bedoeld was, me vroeg: "Meneer, vindt u het niet oneerlijk dat goede scholen allemaal de beste leraren hebben? Nadat ik hem had bedankt voor zijn morele steun, legde ik hem uit dat, in tegenstelling tot wat men zou denken, de beste leraren niet noodzakelijkerwijs in de juiste instellingen zitten. Dit zijn de meest gevraagde wijken, omdat ze het best gelegen en het meest bezocht zijn, dus het rustigst en het dichtst bij de buurten waar de leraren willen wonen. Zonder in te gaan op de mysteries van opdrachten, waarvan de complexiteit alleen wordt beheerst door een paar ultrascherpe vakbondsleden [8], neemt de kans voor een leraar om aangesteld te worden op de vriendelijke middelbare school in het centrum van zijn keuze regelmatig toe met zijn cijfer, en dus met zijn anciënniteit. De nieuwkomers op de François Quesnay middelbare school tonen vaak de opluchting van de schipbreukeling die eindelijk is geland.

Deze anciënniteitsbonus komt voort uit het feit dat de beoordeling van leraren aan de grap grenst. Enerzijds worden inspecties van zeer korte duur uitgevoerd, vijf tot tien keer in veertig jaar loopbaan. Over het algemeen resulteert elke inspectie in een verhoging van de beoordeling. Degenen die vaak de kans hebben gehad om gekeurd te worden, worden daarom het best beoordeeld. Anderzijds formuleert de rector jaarlijks een oordeel over de stiptheid, de ernst, de werklust van de leerkracht. Deze tweede schatting die het resultaat is van continue waarnemingen, zou ongetwijfeld relevanter kunnen zijn. Maar de wetten die de werking van de administratie regelen, betekenen dat de overgrote meerderheid van de leraren, goed of slecht, na vijfentwintig jaar carrière 40/40 bereikt (merk op dat het veel minder tijd kost op Corsica,

Aangezien een goed beoordeelde leraar meestal een oude leraar is, hebben goede instellingen meestal oudere leraren. Zeker ervaren, hebben ze de neiging conservatief te zijn in hun onderwijspraktijken, wanneer het hen niet ontbreekt aan dynamiek en investering. Degenen die slecht begonnen, werden waarschijnlijk erger naarmate ze ouder werden. Kortom, ze hebben geen reden om beter te zijn dan in minder chique etablissementen. Integendeel, innovatieve leraren, die vechten om hun studenten te interesseren, zijn talrijker in moeilijke instellingen, omdat het voor hen een kwestie van overleven is. Als ze genoegen nemen om jaar na jaar een in wezen hoorcollege te reproduceren, verandert de verveling van de leerlingen al snel in oncontroleerbaar gekibbel. Als ze een fout maken in de oefening door een gebrek aan voorbereiding en het kost ze vijf minuten om de les weer op het goede spoor te krijgen, ontgaat de klas hen, stijgt het lawaai en is het erg moeilijk om de rust te herstellen. De enige oplossing voor hen zal zijn om te vertrekken naar een rustiger etablissement. Uiteindelijk kunnen alleen goede leraren weerstand bieden in slechte instellingen.

Het is duidelijk dat de paradox niet te ver moet worden doorgedreven: goede studenten motiveren ook leraren om het beste van zichzelf te geven, door hun nieuwsgierigheid en hun intellectuele strengheid; en het gebrek aan ervaring van beginners is natuurlijk een handicap. Maar we kunnen gerust concluderen dat leraren niet beter zijn op goede middelbare scholen. Het enige echte voordeel van gerenommeerde instellingen is dat de leraren die daar zijn aangesteld komen en dat vervanging beter verzekerd is.

De pre-entry meeting op Lycée Quesnay is een familiereünie. We vertellen over onze vakanties en we stellen de weinige nieuwe voor, die de gepensioneerden vervangen. In een achtergesteld etablissement is het sportiever. De nieuwelingen, die soms de helft van het personeelsbestand vertegenwoordigen, zijn niet altijd aanwezig. Sommigen werken in twee instellingen en komen later, anderen stellen hun stage uit of nemen ontslag, sommige afspraken zijn nog niet gemaakt. Het doel om vanaf de eerste dag een leraar voor elke klas te hebben, zal waarschijnlijk niet worden bereikt.

Dit jaar, bij de hervatting van januari, brak er paniek uit in Quesnay: een wiskundeleraar, verantwoordelijk voor twee klassen terminal, is twee maanden met ziekteverlof. Tegen alle verwachtingen in hebben de rectorale diensten in zo'n geval niet meer oplossingen voor het Lycée Quesnay dan voor een kansarme universiteit. Het management activeert echter zijn netwerken en, met de aantrekkelijkheid van het establishment om te helpen, eindigt de school met het vinden van ervaren leraren die elk overeenkomen om een paar uur te geven, waar een minder gewaardeerde instelling achtergesteld zal blijven of de komst zal zien van een student die heeft nooit lesgegeven.

Komen we meer vooruit op een goede school?

Onderwijssociologen hebben getracht deze vraag te beantwoorden door de ontwikkeling van de prestaties van leerlingen met een gelijkwaardig beginniveau, maar studerend in klassen met een ander gemiddeld niveau, te vergelijken. Oordeel: "Een jongen in CE1, met een beginniveau gelijk aan 100, waarvan noch de vader noch de moeder uit een kansarme sociale achtergrond komt, opgeleid in een van de vijftien meest kansarme klassen, krijgt een eindejaarsscore in het Frans van 97,9 tegenover een score van 101,3 voor een vergelijkbare leerling in een van de vijftien meest bevoorrechte klassen [9]. Met andere woorden, leerlingen maken in een goede klas iets sneller vorderingen dan in een zwakke klas. Maar dit effect, van beperkte omvang, komt niet in alle onderzoeken voor.

Een gezin kan er dus belang bij hebben om te proberen een kind van gemiddeld niveau in een instelling van goed niveau te krijgen. Mits hij niet wordt gecontroleerd, zal hij daar meestal iets sneller vooruitgaan. Met een goede instelling kan een goede student ook vooruit komen, omdat de docenten verder gaan dan het programma, wanneer ze in april niet aan dat van het volgende jaar beginnen.

Bovendien zijn de ambities van leerlingen hoger op goede scholen. Iedereen kijkt daar naar boven. Zo sloot een studente met een zeer bescheiden achtergrond, die van een kansarme universiteit naar het Lycée Quesnay kwam als onderdeel van een project dat beperkt was tot een paar mensen, zich aan bij een voorbereidende school, wat ze waarschijnlijk niet zou hebben gedaan als ze naar zijn buurt was gegaan middelbare school. Terwijl ze aarzelde over haar oriëntatie, herinner ik me dat haar kameraden volhielden: "Met jouw niveau moet je gaan. Evenzo zijn de interviews afgenomen met studenten die Sciences Po Paris zijn binnengekomen via de "ZEP [10] » laten zien dat het eerste belang van dit parallelle pad is dat het hen laat zien dat deze geweldige school « iets voor hen zou kunnen zijn ». Hogeschool en middelbare school zijn veel minder selectief dan in het verleden. Het gebrek aan ambitie en zelfcensuur van jongeren uit kansarme milieus verklaart in het verleden vaak waarom zij het minder goed doen in hun studie, op hetzelfde startniveau, dan leerlingen uit meer rijke achtergronden.

In veel kansarme hogescholen prijzen leraren en begeleidingsadviseurs de verdiensten van middelbare scholen voor beroepsonderwijs, en dringen ze erop aan om leerlingen van de negende klas van een geschikt niveau te sturen, zowel om te voorkomen dat deze instellingen worden gezien als cursussen van degradatie en omdat ze bang zijn dat hun studenten falen in het algemeen tweede. Zo gaan jongeren richting de beroepsstroom die algemeen vormend onderwijs kunnen volgen en een hoger diploma kunnen nastreven. [11]. Bij de zelfcensuur van de leerlingen komt dan ook die van de docenten.

Nog een voordeel, misschien wel belangrijker: in een goede instelling wordt de status van een goede student als positief ervaren. In minder begunstigde instellingen wordt de goede student, vaak een "hansworst" genoemd, meedogenloos opgejaagd. Beschouwd als een verrader vanwege het simpele feit dat hij het spel speelt, is hij vooral het levende bewijs dat het mogelijk is om te slagen op een zwakke universiteit, wat de toespraken van zelfrechtvaardiging van de andere studenten, die hun falen toeschrijven aan " systeem" en zijn onrechtvaardigheid (wat niet onwaar is), door zichzelf vrij te pleiten van alle persoonlijke verantwoordelijkheid (wat niet noodzakelijkerwijs eerlijk is).

Over het algemeen doen studenten het beter in een goede instelling. Maar dat is waarschijnlijk niet de meest dwingende reden waarom ouders goede scholen najagen.

Zaterdag, 14.00 uur Bijeenkomst van leerkrachten aan het Lycée Henri IV in Parijs. Het is heet. Terwijl ik onder de bogen van het klooster door loop, verlicht de zon een open ruimte die uitkijkt op de buitenkant. We horen alleen de lichte schok van de stukken die met een zekere hand op hun vierkant worden geplaatst. We zijn op de schaakclub van de middelbare school en de middelbare school. Geen enkele volwassene houdt toezicht op de studenten, perfect geconcentreerd op hun schaakbord; een droom van leergierige en vreedzame jeugd. Maandag om 15.00 uur loop ik over de binnenplaats van het Pompidou-college, een van de meest kansarme colleges van Île-de-France. Studenten roepen naar mij. Ik werkte toen op de nabijgelegen middelbare school en ze weten dat ik soms basketbal speel met studenten. Maar die dag heb ik geen tijd. Ik stel voor: "Je bent zes. Kun je niet alleen spelen, drie tegen drie? "Nee", antwoordt een van hen. Na vijf minuten raken we in de war. Met hen, meneer, is het niet mogelijk om serieus te spelen. »

Het contrast tussen deze twee scènes is heftig. Studenten in gevoelige buurten vinden het moeilijker om hun gedrag, hun relaties te reguleren

interpersoonlijk en blijf gefocust voor een lange tijd. Deze buurten worden vaak geteisterd door een zekere mate van geweld, waartegen scholen moeilijk te beschermen zijn. Ouders zijn echter net zo gevoelig voor de sfeer van instellingen als voor hun prestaties. Ze zijn bang voor afpersing, bendes, geweld, drugs.

Deze vrees is volkomen ongegrond. Statistieken gepubliceerd door het Ministerie van Onderwijs geven aan dat er iets meer fysiek en verbaal geweld is in moeilijke colleges dan in andere, of het nu gaat om afpersing, gevaarlijke spelletjes, beledigingen; tussen studenten of met volwassenen. Ook jongeren voelen zich daar iets minder veilig. Ze bevestigen dus niet de indruk van twee heel ver uit elkaar liggende werelden. Er zijn maximaal 5% onhandelbare vestigingen, overspoeld door problemen van buitenaf; inrichtingen waar soms vuurwapens binnenkomen, waar zelfgemaakte brandbommen ontploffen, waar problemen met fysiek geweld worden opgelost, waar het ziekteverzuim zeer hoog is. Aan de overkant,

Afgezien van deze extreme gevallen zijn de levensomstandigheden in de inrichtingen vrij gelijkaardig, ongeacht hun niveau. De beste gezinnen hebben hyperactieve studenten en anderen die niet naar de les kunnen zonder eerst een pint wodka te drinken of een goed verpakte joint te roken. Afpersing bestaat in goede Parijse hogescholen en bepaalde klassen in goede etablissementen kunnen hels blijken te zijn. Overal kan het gebeuren dat sommige studenten worden vervolgd door anderen. Het lastigvallen kan veranderen in een zorgvuldig georkestreerd ritueel. Privé- instellingen hebben echter bepaalde voordelen: ze hebben meer toezichthoudend personeel, meer toezicht op studenten na de les en scheiden gemakkelijker studenten die problematisch zijn.

Ook de culturele verschillen zijn onmiskenbaar. Toevallig liet ik studenten, in burgerschapsvorming, een korte video [12] zien, geproduceerd door de vereniging Osez le féminisme! Om te laten zien hoe zwaar de druk is van jongens die meisjes op straat aanroepen, zijn de rollen omgedraaid: luie jonge meisjes, gezeten op het terras van een café, vermenigvuldigen de schunnige opmerkingen over de jongens die op de stoep passeren en fluiten ze. Meestal werkt deze video heel goed: de leerlingen discussiëren, betwisten, stellen soms hun eigen gedrag in vraag en het begrip van de druk die de meisjes ondergaan, gaat vooruit. Op het Lycée Quesnay is de mislukking totaal: de studenten reageren niet. Ze voelen zich niet betrokken bij praktijken die in feite vreemd zijn aan hun omgeving.

Ouders spelen een heel andere rol in verschillende instellingen. In Quesnay zetten ze hun kinderen onder grote druk om te werken en de regels van de school te respecteren. Ze nemen veel deel aan vergaderingen, krijgen informatie, ontmoeten leraren, stemmen bij verkiezingen. Een eenvoudig briefje aan de ouders dat in het correspondentieboek is geschoven, is in de meeste gevallen een afschrikmiddel.

Wat de zeer goede studenten betreft, zij trekken de anderen naar boven. Velen voelen zich verantwoordelijk, organiseren spontaan evaluatiesessies waarin ze hun kameraden helpen, lenen de aantekeningen die in de klas zijn gemaakt uit aan degenen die moeite hebben om bij te blijven. Ze hebben zich vaak het idee eigen gemaakt dat alles wat de instelling versterkt, hen zelf ook sterker maakt, maar hun houding is grotendeels ongeïnteresseerd. Evenzo komen de eersten heel graag terug naar de school om hun school aan de studenten voor te stellen, hen te adviseren over de samenstelling van de dossiers of de voorbereiding van de wedstrijden. Hun rol is essentieel.

Als de verschillen tussen vestigingen onmiskenbaar zijn, zijn ze ongetwijfeld kleiner dan de indruk die de ouders hebben. Familiestress versterkt ze echter. Het etablissement wordt gelijkgesteld aan de wijk waar het gevestigd is, ongeacht de feitelijke situatie, en de reputatie-effecten prevaleren boven de rest. De poging om een einde te maken aan deze dodelijke afloop door zich te richten op instellingen die verondersteld worden meer middelen te krijgen, blijkt uiteindelijk contraproductief: de classificatie van een instelling als een ZEP [13] , goed opgevat door leraren die er de belofte van extra middelen in zien, werkt als een stigma en schrikt leerlingen uit de middenklasse af. Makelaars bannen de term ZEP uit hun vocabulaire en ik zag een burgemeester tussenbeide komen in de raad van bestuur, die hij elders nauwelijks bezocht, om leraren ervan te weerhouden zich aan te melden voor dit statuut.

Het gewicht van de ouder

Ook het vermogen van ouders om te mobiliseren kan een verschil maken. Wanneer een afwezige leerkracht niet wordt vervangen, behaalt een afvaardiging van ouders naar het rectoraat betere resultaten dan een directeur die soms gereduceerd is tot het plaatsen van een kleine advertentie in de supermarkt. Maar de ouders van studenten zijn helemaal niet hetzelfde van de ene instelling tot de andere. Toen ik in een ZEP werkte, verwelkomde het etablissement ongeveer 550 studenten. Sommige jaren namen minder dan twintig ouders deel aan de verkiezingen... Een op de twee klassen had geen ouderafgevaardigde, bij gebrek aan vrijwilligers. Integendeel, op de middelbare school in Quesnay maken de ouderafgevaardigden voor elke klassenraad de balans op met de directeur, vragen om afspraken om oriëntatie te bespreken, haasten zich massaal naar vergaderingen.

Alle ouders hebben niet hetzelfde gewicht. Ondanks de inzet van enkele activisten zal de druk van de ouders in een populaire buurtschool bijna nihil zijn. Het bestuur kan het negeren. Aan de andere kant, als de voorzitter van de alumnivereniging de oud-burgemeester van de stad is en het adresboek van de oudervereniging goed gevuld is, is het makkelijker om gehoord te worden, zoals blijkt uit het volgende verhaal.

Ooit had de ES-serie van de middelbare school, die

tot 1995 B heette, een slechte reputatie. Het paste niet goed bij de grote scheiding tussen wetenschappen en letteren, zozeer zelfs dat de prestigieuze instellingen weigerden klassen van B te creëren. De macht van deze grote middelbare scholen is zodanig dat de algemene inspectie ze daar niet kon dwingen. Zelfs de directeur van de lycées, aan de top van de administratie, die de directeuren van de Parijse lycées bijeen had gebracht en hen had aangespoord deze secties te openen, had slechts bescheiden succes geboekt. Door een hervorming werd de naam echter gewijzigd van B in ES en werd de inhoud en het imago van de serie verbeterd, waardoor de grote middelbare scholen er plotseling in geïnteresseerd raakten. In Versailles vroeg de directeur van de beste middelbare school in de stad om de opening van een ES-klas. Maar aangezien de andere middelbare scholen van de stad al ruim bedeeld waren, verzette het rectoraat zich ertegen. Meteen is er een petitie gestart. Ondertekend door de loco-burgemeester van de stad, verschillende parlementariërs, bedrijfsleiders en andere notabelen, had het al snel enkele duizenden handtekeningen. Het rectoraat gaf toe. De middelbare school had gewonnen.

Het is dan ook niet verwonderlijk dat de toewijzing van middelen ten goede komt aan etablissementen in chique buurten, ondanks de uitgesproken politieke wil om "meer te geven aan degenen die minder hebben". Leraren Pierre-Brossolette, in Villeneuve-Saint-Georges, waren in maart 2014 verontwaardigd:

In de armste stad Val-de-Marne wordt hier het

educatieve aanbod aangeboden: een enkele keuze van levende taal (LV) 1 (Engels), slechts één van LV2 (Spaans), en om een uur initiatie in het Oudgrieks aan te bieden in de vijfde klas wordt een uur Latijn gestolen uit de derde klas. Er wordt ons verteld dat het de crisis is, dat er geen middelen meer zijn. Om het tegenovergestelde te laten zien, klaart het de klus om onze middelen te contrasteren met die van nog een stichting van het instituut en de afdeling, het Collège du Parc, in heilige persoon Maur. Voor honderdveertig extra studenten is hier het leerzame voorstel: twee LV1, vier LV2, Latijn en Oudgrieks, een muziekles met aanpasbare uren, een dansles met aanpasbare uren, een Engels-Europees segment, een Italiaans-Europees gedeelte14.

Eindelijk moet worden toegegeven dat de voogden van studenten over het algemeen gelijk hebben om te proberen hun jongeren te selecteren op scholen met uitstekende resultaten en gelegen in een vredige regio, die zich uiteraard bevinden in regio's waar accommodatie duur is.

Hoofdstuk 1 Aantekeningen

1. Geluid Thierry LY, Eric M.AURIN en Arnaud R.IEGERT, "Sociale en educatieve diversiteit in Île-de-France: de rol van vestigingen", Rapport aan de Regionale Raad van Île-de-France, 2014, p. 1.

2. Blandine LEVSAIN, "Waar moet je wonen om te slagen op school?" », Le Figaro, 1 juli 2014.

3. MINISTERIE VAN'ENATIONAAL ONDERWIJS, "De evolutie van de algemene vaardigheden van studenten aan het einde van de middelbare school van 2003 tot 2009", Opmerking, n ^{oh} 10.22, december 2010.

4. Internationaal programma voor het monitoren van de prestaties van leerlingen, onderzoek uitgevoerd onder vijftienjarige leerlingen door de OESO (Organisatie voor Economische Samenwerking en Ontwikkeling) in een dertigtal landen, om hun niveau in wiskunde, natuurwetenschappen en expressie te vergelijken; MINISTERIE VAN'ENATIONAAL ONDERWIJS, "15-jarige studenten in Frankrijk volgens PISA 2012 in wiskundige cultuur: prestatiedaling en toename van ongelijkheden in vergelijking met 2003", Informatienota, n ^{oh} 13.31, december 2013.

5. "Lezen in Europa: contexten, beleid en

praktijken", rapport Eurydice, mei 2011.

6. "Opleiding in het hoger onderwijs: toekomst na het baccalaureaat van studenten die in 1995 naar de zesde klas gaan", Note d'information, n.^{oh} 12.05, Ministerie van Nationaal Onderwijs, Directoraat voor de evaluatie van prognoses en prestaties, juni 2012.

7. Fabrice M.URAT, "Schoolvertraging volgens ouderlijke achtergrond: de invloed van de vaardigheden van ouders", Economie et Statistique, n^{oh} 424-425, INSEE, 2009.

8. Waarop de administratie, overweldigd door de verfijning van haar eigen regels, vertrouwt om de meest complexe vragen te beantwoorden.

9. Mary DURU-BELLAT, "Sociale segregatie op school: feiten en gevolgen", Diversité, n^{oh} 139, CNDP, december 2004, p. 73-80,

10. In 2001 besloot Sciences Po Paris om een parallelle toegang tot het eerste jaar op te zetten voor studenten die in honderd middelbare scholen in partner ZEP's studeren en het vergelijkend examen vermijden. 8% van de Sciences Po-studenten krijgt er op deze manier toegang toe.

11. Hoewel het mogelijk is om de bruggen over te steken die leiden van het professionele baccalaureaat naar succes in het langdurig hoger onderwijs, blijft het eenvoudiger en veiliger voor een student die de

mogelijkheid heeft om door te gaan in het algemeen onderwijs.

12. Serie "Life of girl", geproduceerd door Osez le féminisme!

13. In 2014 werden de ZEP's de REP's (Netwerk Voorrang Onderwijs). Veel labels duiden instellingen aan die iets meer middelen moeten ontvangen dan de andere om de handicaps te compenseren die gepaard gaan met hun rekrutering.

2

De ijzeren adreswet

"De segregatieprocessen zorgen voor morele afstanden die de stad tot een mozaïek van kleine werelden maken die elkaar raken zonder elkaar te doordringen [1]. »

VS , hoe komen we op de Quesnay middelbare school? Door in de buurt te wonen. Zoals bijna alle middelbare scholen rekruteert François Quesnay zijn leerlingen op basis van de schoolkaart. Maar wonen in de buurt is niet voor iedereen weggelegd. Mijn vriend Max heeft dit meegemaakt. Toen zijn zoon de universiteitsleeftijd naderde, liet zijn vrouw hem weten dat de universiteit in de buurt van hun huis vermeden moest worden. Ze wist uit betrouwbare bron (in dit geval van haar buren) dat studenten werden afgeperst en dat jongeren op motorfietsen door het etablissement reden. Niets dramatisch, maar genoeg om de moeder van een tienjarige ongerust te maken. Er is inderdaad een particuliere katholieke universiteit, maar vrij ver weg; en hij verleidt deze joodse familie nauwelijks. Senior executive van bescheiden afkomst, zelf opgegroeid in de buitenwijken en overlevend, zou Max zijn zoon naar de plaatselijke openbare universiteit laten gaan. Maar hij slaagt er niet in de onwil van zijn vrouw te overwinnen. Er blijft de mogelijkheid om te verhuizen om het kind onderwijs te geven aan het Quesnay-college, grenzend aan de middelbare school. Na lang aarzelen werd deze oplossing aangenomen. De opoffering is belangrijk: de hoge huur van een minder ruim appartement brengt elke mogelijkheid om te sparen om huiseigenaar te worden in gevaar. Maar

het kind wordt toegelaten tot het Quesnay-college.

Als je geen senior executive salaris hebt (of je kent geen enkele minister persoonlijk), wordt de Quesnay-oplossing automatisch geëlimineerd. De schoolkeuze wordt dan ingewikkelder. Marianne is logopediste. Ik ken haar sinds de middelbare school. Ze kreeg twee kinderen met Jérôme, die theatermanager is en een geweldige klusjesman voor het eeuwige . Hij overtuigde haar om een huis in slechte staat te kopen in Montreuil, tussen het metrostation Croix de Chavaux en het Beaumonts-park. Marianne stemde ermee in zich daar alleen te vestigen op voorwaarde dat ze een oplossing zou vinden voor de scholing van de kinderen, wier organisatie haar tweede carrière vormt. Ze begon daarom met het bestuderen van de scholen van Montreuil. Al snel tot de conclusie gekomen dat ze niet toereikend waren, inventariseerde ze de alternatieven, vond een aanvaardbare oplossing en gaf ten slotte haar akkoord. Een diner met hen leert me veel over dit onderwerp.

    Het paviljoen is klassiek: wit pleisterwerk, mechanische tegels. De tuinmuur aan de straatkant is bedekt met verzorgde blauweregen en klimrozen. Jerome, relaxte eigenaar, verwelkomt me op de trap in een Ierse trui en een bermuda. Hij laat me zijn renovaties zien, duidelijk blij met zijn huis. Hij waardeert de diversiteit van de buurt. Omdat hij 's ochtends meestal vrij is, doet hij de boodschappen en kent hij alle winkels in de buurt. "Je gaat Montreuil-groenten eten, gekruid met Montreuil-kruiden", grapt hij. En hij legt uit: "Montreuil is daar geweldig voor. Paprika uit Kameroen, curry uit Madras, Libanees spul... Je hebt het hier allemaal. »

Marianne lijkt haar tevredenheid te delen, die ze niettemin matigt :

— Ik erger me er nog steeds aan dat Romain elke dag een half uur transport doet. Hij zit op het Hélène Boucher-college, in de 20e.

— Het is een redelijk goed etablissement, nietwaar? Ga je hetzelfde doen voor Sarah?

Ze kijken elkaar een beetje beschaamd aan.

— Laten we zeggen dat de vraag niet is opgelost, zegt Jérôme lachend. Hélène Boucher is erg goed, maar het werkt niet meer. Voor Romain hadden we het al moeilijk. Aanvankelijk wilde ik gewoon een certificaat van accommodatie presenteren, aangezien we een vriend in de buurt hebben. Maar blijkbaar doet iedereen dat en wil de school er niets meer van horen. Dus tijdens het zoeken op internet vond ik de mogelijkheid om een brievenbus te kopen, met mailforwarding. Normaal gesproken wordt het gedaan voor professionals, maar aangezien Marianne een vrij beroep is, werkte het. Het kostte ons dertig euro per maand en er was geen probleem. Eenmaal op zijn plaats, het volgende jaar, vroeg het college niets meer.

— Het probleem is dat de Academie van Parijs erg streng is geworden, legt Marianne uit. Er zijn inrichtingen die drie verblijfsbewijzen vragen op naam van de ouders en Hélène Boucher vraagt de woonbelasting. En daar zit iedereen vast.

Er zullen veel studio's worden doorverkocht in de sector, grapt Jérôme. Alle mensen die alleen kochten om een adres in de buurt van Hélène Boucher te hebben, om nog maar te zwijgen van het 5e arrondissement. De aankondigingen van Studio in de buurt van Lycée Louis Le Grand'-stijl, het is voorbij. Bovendien, als we iets proberen dat niet werkt, wordt de situatie onhoudbaar voor Romain, die het risico loopt te worden ontslagen.

Ik bevestig.

— Exact. Op mijn middelbare school ontbood de directeur een paar ouders die problemen veroorzaakten en vertelde hen ronduit dat ze een week de tijd hadden om hun kind uit het etablissement terug te trekken of dat hij een klacht indiende wegens vervalsing van administratieve documenten.

— Er is dus geen sprake van dit soort risico's te nemen, voegt Marianne toe, die erg blij lijkt met mijn tussenkomst. De gemakkelijkste manier is om Sarah op een nabijgelegen universiteit te plaatsen, wat prima is, maar Jerome wil dat niet.

Als ze opwarmt, vind ik de ietwat onhandige tiener die ik ooit kende. Ze veegt haar bril af, stuurt een dikke bruine lok terug.

— Ze wil haar bij de katholieken plaatsen, legt Jérôme grijnzend uit.

" Cathos misschien, maar vanaf de zesde klas kun je twee levende talen volgen, er zijn theateruitstapjes, uitstapjes naar Rome voor de derde klas, het niveau is goed en verschillende vrienden van Sarah gaan daarheen. Daarnaast is de mis niet verplicht, het koor ook niet.

— Zijn de hogescholen van Montreuil niet echt niet mogelijk? Marianne rolt met haar ogen.

— Het is chaos. We zijn afhankelijk van het Lenain de Tillemont college. Hij was niet beroemd en sinds de versoepeling van de schoolkaart rent iedereen weg. Zeshonderd plaatsen, driehonderd studenten.

Jeroen komt tussenbeide.

— Het is een gek verhaal. Het college heeft vrij goede uitgangspunten en zeer correcte resultaten. Maar omdat het aan de andere kant van het Beaumonts-park ligt, tussen twee steden, heeft het een slechte reputatie. Bovendien wordt het geclassificeerd als "succesvolle ambitie" en ouders geven er de voorkeur aan dat succes een realiteit is in plaats van een ambitie. Als je eenmaal het bord met 'probleemschool' hebt, vertrekken de kinderen die het niveau kunnen verhogen, klassen sluiten, leraren vertrekken. We willen het buurtschoolspel spelen, maar niet alleen.

Tijdens het eten legde ik het onderwerp terug op het tapijt.

— Als ik het goed begrijp, toen je hier kwam wonen, was de school dan het probleem?

— Het probleem is altijd hetzelfde, legt Marianne uit. De goede scholen in de omgeving zijn Vincennes of Saint-Mandé en accommodatie is te duur.

Hier hebben we een bepaalde kwaliteit van leven. Dus om beide te hebben, moet je hier wonen en de kinderen ergens anders laten studeren, concludeert ze schouderophalend.

— Ze heeft gelijk, benadrukt Jérôme. De schoolkaart geeft de gebieden met meer zekerheid aan dan het Verdrag van Wenen. Vergelijk Montreuil en Vincennes. De twee steden zijn buren, maar Vincennes is veel burgerlijker en ik weet zeker dat dat deels komt door de scholen. En ik heb het niet met jou over Parijs. Voordat we verhuisden, toen we in het 11e woonden, was Marianne de schoolkaart gaan halen. Dezelfde straat kan bijvoorbeeld overeenkomen met drie verschillende sectoren. Het is ongelooflijk ingewikkeld. Toen we hier kochten, was het mogelijk om de schoolkaart te omzeilen, maar dat is bijna onmogelijk geworden.

— Iedereen houdt geweldige toespraken over sociale diversiteit in Montreuil, merkt Marianne op. Maar het bestaat op straat of op de dag van het muziekfestival, niet op scholen. Het is waar dat er hier een leuke kant is. Als je gaat winkelen of naar het park gaat, is het heel goed, iedereen is broer. Maar als je de scholen gaat bekijken, realiseer je je dat ze helemaal geen afspiegeling zijn van de bevolking. En ik wil geen kinderen in klassen plaatsen waar driekwart van de kinderen het moeilijk heeft. Dus alleen het privé blijft over.

— Ik begrijp. En voor de middelbare school, wat ben je dan van plan?

— Laat ons ademen! roept Marianne uit.

Zoals we hebben gezien, is het niveau van de scholen erg wisselend. Wat Marianne en Jérôme zeggen, is dat geld de oorzaak is van deze variatie. Het is waar dat de geografie van vestigingsresultaten die van inkomen reproduceert. Ondanks het oneindige vermogen van ouders om prioriteiten te stellen, zijn de etablissementen in de chique buurten goed. In arme woonwijken hebben alle instellingen het moeilijk, ongeacht de inspanningen van het Nationaal Onderwijsdepartement of de teams ter plaatse. Daar blijven de grensdistricten , zoals Montreuil, in een tussengebied.

Om de invloed van geld te benadrukken, zoek ik een stad waarvan de situatie relatief eenvoudig te ontcijferen is en kies Digne-les-Bains, prefectuur van de Alpes de Haute-Provence. Het is een stad van 17.000 inwoners, die zich uitstrekt langs de Durance. Naast een kleine particuliere middelbare school, die slechts dertig baccalaureaatstudenten heeft, heeft Digne twee openbare middelbare scholen, aan beide uiteinden. De onlangs gerenoveerde Alexandra David-Néel middelbare school wordt door het tijdschrift L'Étudiant als "zeer gemiddeld" beschouwd. Het is zelfs de slechtst beoordeelde middelbare school in Provence-Alpes-Côte d'Azur. Integendeel, de middelbare school Pierre-Gilles de Gennes behoort tot de "zeer goede middelbare scholen". Het is de beste openbare middelbare school van de academie, vóór die in Marseille of Aix-en-Provence.

Om te bepalen of deze contrasterende resultaten verband houden met het gezinsinkomen, is het noodzakelijk om de verdeling van dit laatste in Digne te analyseren. De stad heeft niet echt een bourgeoisie. De inkomens zijn zeer homogeen. De segregatieve mechanismen werken daar echter. Informatie gegeven door INSEE2 over normale inkomsten per buurt schildert de bijgaande tabel: in het zuiden zijn de drie gebieden rond de middelbare school Pierre-Gilles de Gennes de meest extravagante in de stad, met een typisch loon voor elke groep ergens in het bereik van 33.000 en 39.000 euro per jaar. In het noorden hebben de gebieden die toegang geven tot de David-Néel middelbare school een typisch salaris van ergens tussen de 26.000 en 30.000 euro. Inderdaad, zelfs hier blijkt de adreswet zoals verwacht.

Het is duidelijk honderdvoudig in de enorme stedelijke gemeenschappen en vooral in Île-de-France. In het voortgezet onderwijs wordt een soortgelijke relatie opgespoord. Hogescholen in de onderdrukte plattelandsgebieden van Parijs hebben de meest opmerkelijke beurspercentages en de laagste prestatiepercentages in centraal Frankrijk.

Goede scholen maken buurten duur

Als dure buurten goede scholen opleveren, is het tegenovergestelde ook waar: gezinnen zijn bezorgd over het academische succes van hun kinderen en zijn bereid meer te betalen voor huisvesting in de buurt van goede scholen. Om hiervan overtuigd te zijn, volstaat het om de details te lezen die de vastgoedadvertenties vergezellen op de website Van particulier naar particulier (www.pap.fr). Naast het vermelden van het bedrag aan lokale belastingen, bevat de site gegevens en beoordelingen over middelbare scholen, verstrekt door het ministerie van Nationaal Onderwijs. Voor accommodatie in het centrum van Lille bijvoorbeeld, geeft het het slagingspercentage, het profiel en de "toegevoegde waarde" van de vijf nabijgelegen openbare of particuliere middelbare scholen.

Wonen is daarom duurder in de buurt van goede scholen. Het individu onderzocht. Een studio vlakbij de Hélène Boucher hogeschool bijvoorbeeld heeft een meerwaarde van 20% ten opzichte van het gemiddelde van het 20e arrondissement. Onderzoekers hebben dit effect wetenschappelijk gemeten. Hun methode bestond uit het vergelijken van de prijzen van woningen van dezelfde grootte en gelegen in dezelfde straat, maar die geen toegang gaven tot dezelfde hogeschool. Door analyse van de gegevens van de Kamer van Notarissen van Parijs over 200.000 onroerendgoedtransacties, benadrukken Gabrielle Fack en Julien Grenet, van de

Paris School of Economics, een precieze relatie: in Parijs, een gemiddelde van meer dan 1,6 punten ten opzichte van de naburige college resulteert in een verschil in prijs per vierkante meter van 1,4% [3]. Een Amerikaans onderzoek uitgevoerd in Massachusetts toonde hetzelfde type relatie, waarbij ouders bereid waren 2,5% meer te betalen voor huisvesting om toegang te krijgen tot een basisschool met 5% hogere nationale testresultaten. [4].

De impact van de kwaliteit van scholen op de vastgoedprijzen wordt vooral waargenomen in grote steden. Het is gekoppeld aan het bestaan van een schoolkaart. De aanwezigheid van particuliere instellingen die aan deze regel ontsnappen, heeft de neiging om dit fenomeen te verminderen, zonder het te elimineren. Uit het bovenstaande kunnen we afleiden dat de ongelijkheid tussen etablissementen des te groter is wanneer de buurten sociaal homogeen zijn. Het is daarom in de grote metropolen, waar er grote rijkdom is en gebieden met grote armoede, met name in Parijs en Marseille, dat het het meest uitgesproken is. De trend is richting het accentueren van ruimtelijke segregatie, een ruimteverdeling die vooral tot stand komt door verschillen in vastgoedprijzen. Een makelaar legde me uit dat hij zijn bureau L'Adresse had gebeld, omdat "de prijs van een accommodatie van drie dingen afhangt: het adres, het adres, het adres". De verkoop van een bezemkast in het 7e arrondissement van Parijs maakt het namelijk mogelijk om een charmante woning in de Corrèze of in de Somme te kopen. Hoe zijn we daar gekomen?

Teruggaand tot de 19e eeuw vinden we in alle steden van een bepaalde omvang sporen van sociaal contrasterende wijken. Maar de caesuur is niet altijd strikt. In het gebouw van Pot-Bouille, de roman van Zola, weerspiegelen de verdiepingen de sociale hiërarchie: burgerlijke appartementen bezetten de eerste verdiepingen (het gebruik van de lift is nog niet wijdverspreid), terwijl de dienstmeisjeskamers zich onder de daken bevinden; tussen de twee zijn bescheiden gezinnen gehuisvest. Het is inderdaad noodzakelijk dat bedienden en al degenen die in dienst van de bevoorrechte klassen werken, binnen het bereik van hun werkgevers zijn. De scheiding van sociale groepen zal daarna groter worden met de ontwikkeling van transport. Deze trend werd echter onderbroken tijdens de Glorious Thirties,

Geconfronteerd met een huisvestingscrisis, bouwde Frankrijk in de jaren vijftig en zestig blokken, kubussen, torens en bars. De "grote complexen" zijn uitgerust met parkeerplaatsen voor de auto's die iedereen geleidelijk aan aan het uitrusten is, keukens die de Formica-tafel zullen komen bekleden, de wasmachine en het fornuis die deze periode symboliseren, die van de gentrificatie van de arbeidersklasse, ook dat waar de (jonge) apotheker, de winkelier of de onderwijzeres van de wijk in dezelfde gebouwen wonen als de arbeiders en bedienden. Dit samenwonen vloeit voort uit het tekort aan woningen, maar ook uit de ideologie die aan de basis lag van de bouw van grote woonwijken, die van een verzwakking van sociale verschillen binnen een "gemiddelde" samenleving. Organisaties die HLM's (low-income housing) beheren, zorgen voor de diversiteit van bewoners door de installatie van de middenklasse in grote woonwijken en die van de arbeidersklasse in voorstedelijke gebieden te bevorderen.

Hoe het ook zij, de staat dringt aan op toelating tot eigendom, bijvoorbeeld door de Barre-Barrot-wet van 1975. De doorsnijding door enorme logeerdomeinen wordt vervolgens voor de arbeidersklasse een besloten podium, een 'private springplank'. De omslag van deze bevolkingsgroepen in de structuren versnelt... tot het moment dat ze niet meer door de logeerhuizen gaan en verdrongen zijn door steeds meer ongelukkige bevolkingsgroepen, die daar van nature bleven. Een steeds toenemend aantal bewoners had moeite om hun huur te betalen, vooral omdat de werkloosheid toenam. Beperkende associaties zijn geruïneerd. Toch werkten de bars haastig om zich aan te passen aan het gebrek aan accommodatie en zijn ze van redelijke kwaliteit. Hun onderhoud is kostbaar. Op het moment dat huurcontracten vanaf nu niet binnenkomen, verzwakt het onderdak en kunnen bewoners vertrekken. Wat betreft de enorme gebouwen die in de buurt van de verwerkingsfabrieken worden gebouwd, ze maken een deïndustrialisatie door. Hun bewoners zitten dan vast in buurten zonder toekomst. Langs deze lijnen worden geleidelijk getto's omkaderd.

Getto's in Frankrijk?

De verergerde vorm van sociaal separatisme is het getto. Is deze term, die veel gebruikt wordt in de Verenigde Staten, ook van toepassing op Frankrijk? Het heeft aan zichtbaarheid gewonnen sinds premier Manuel Valls in een opmerkelijke toespraak [5] "de getto's; een territoriale, sociale, etnische apartheid". Sommige sociologen, zoals Loïc Wacquant of Sophie Body-Gendrot, zijn van mening dat de zeer bijzondere geschiedenis van de Verenigde Staten, met name het gewicht van racisme, verhindert dat de vergelijking te ver wordt doorgedreven. Anderen, zoals de econoom Éric Maurin [6], gebruiken het woord. Didier Lapeyronnie, die vijf jaar lang een arme wijk van een provinciestad bestudeerde, is van mening dat het nu mogelijk is om van getto's te spreken, dankzij de toenemende stedelijke segregatie en rassendiscriminatie in de jaren 2000., evenals de groeiende ongelijkheid van buurten in het licht van werkloosheid.

Hij beschrijft hoe de immense moeilijkheden aanleiding gaven tot vormen van zelforganisatie in de wijk. Drugshandel is de belangrijkste economische activiteit. De basisstructuur is het gezin, de goederen worden geïmporteerd uit de grote stad. De verkoop wordt georganiseerd door trappenhuizen. De ontmanteling van de ene bende wordt onmiddellijk gevolgd door de verschijning van een andere. In het door Didier Lapeyronnie bestudeerde district onderhandelen de autoriteiten met de dealers over de verdeling van bepaalde sociale voorzieningen, steun tijdens de verkiezingen en zelfs de handhaving van de orde. De socioloog merkt op dat het negatieve imago van de wijk de bewoners obsedeert [7].

De vorm van het getto blijft echter uitzonderlijk. Dat blijkt duidelijk uit de gegevens van de kwetsbare stadswijken (ZUS), de achterstandswijken waarop het stadsbeleid zich richt. ZUS zijn de thuisbasis van ongeveer 4,5 miljoen inwoners en 13% van de studenten. Met drie keer zoveel armen, drie keer zoveel immigranten en twee keer zoveel werklozen als elders, zouden deze buurten kunnen worden vergeleken met stedelijke getto's. Meer dan de helft van de studenten en 80% van de middelbare scholieren die in deze buurten wonen, studeert echter buiten de ZUS. Omgekeerd komt meer dan de helft van de middelbare scholieren en meer dan 80% van de middelbare scholieren in ZUS van buitenaf.

Dit mengsel beperkt gettovorming. Voor gezinnen die in de buurt van deze gebieden wonen, vormt het echter een bedreiging. De resultaten van het getuigschrift secundair onderwijs zijn wat dat betreft duidelijk: hoe meer leerlingen een school in ZUS heeft, hoe lager de resultaten. [8]. Binnen de families van de wijk die het meest gehecht zijn aan het succes van hun kinderen en in de naburige wijken heerst de wens om koste wat het kost de scholen te vermijden die bij deze wijken horen. Een studie over Montpellier [9] concludeert dat 75% van de leerlingen uit de midden- en hogere middenklasse, bij wijze van afwijking of een beroep doen op de particuliere sector, sectorhogescholen in 'gemengde' buurten mijden. Deze strategieën zijn logisch: wonen in een gevoelig stedelijk gebied verdubbelt het risico dat een uitvoerend kind achterop raakt op school, volgens het ZUS-observatorium [10]

.De wijken zijn dus niet luchtdicht gescheiden, maar de school draagt er sterk aan bij dat te worden. Deze gegevens bevestigen alleen maar wat voor docenten in het veld vanzelfsprekend is. Laten we als voorbeeld eens kijken naar de lijst met stageplaatsen gevonden door leerlingen van groep 9. In een volksschool domineren lokale bedrijven, vaak gecontacteerd met de hulp van leraren. Op het François Quesnay College, dat enkele stages in Florida of Quebec accepteert, domineren prestigieuze bedrijven, met name in de audiovisuele, communicatie- of financiële sector die studenten interesseren en hun ouders in dienst hebben.

De tegenhanger van gettovorming is gentrificatie, dat wil zeggen de transformatie van populaire buurten in het stadscentrum door de komst van goed opgeleide middenklassen, met name culturele beroepen, die zo onderling kunnen combineren, nabijheid van het centrum en betaalbare vastgoedprijzen , zonder potentiële vermogenswinsten op onroerend goed te verwaarlozen. Deze beweging treft over het algemeen buurten niet ver van mooie buurten. Het versterkt de sociale homogeniteit van de grote steden en in de eerste plaats van Parijs, door de arbeidersklasse steeds verder uit het centrum te duwen [11].

Natuurlijk zien de 'gentrifiers', die hun weigering bevestigen om in burgerlijke buurten te wonen, die in ieder geval voor hen ontoegankelijk zijn, er geen bezwaar in dat hun kinderen naar burgerlijke scholen in chique buurten gaan. Politicoloog Jacques

Donzelot legt uit:

Parijse zweren zijn net zo verbonden met hun buurt als met grote steden over de hele wereld. De nabijheid van vervoersplaatsen, nationale of internationale stations en grote luchthavens is daarom een bepalende factor. De tweede motivatie is de nabijheid van goede middelbare scholen. Veel ouders zijn bereid te verhuizen ten koste van een bepaald comfort van het leven, om dichter bij de beste middelbare scholen voor hun kinderen te zijn. 12.

In Parijs, waar het tot de jaren tachtig duurde voordat werknemers en arbeiders een minderheid werden, vordert de gentrificatie geleidelijk van het zuidwesten naar het noordoosten. Afgezien van een paar blokken rond de stations en een paar sectoren van het 18e, 19e en 20e arrondissement, is het proces bijna voltooid. Zozeer zelfs dat het aandeel leerlingen van de zesde klas met een zeer bevoorrechte achtergrond in de jaren 2000 steeg van 41% naar 47%.

Tegelijkertijd heeft het fenomeen de grenzen van de hoofdstad overschreden. Ondanks de sterke tegenstelling tussen Parijs en zijn "buitenwijken" - een pejoratieve term die niemand zou willen toepassen op Neuilly-sur-Seine of Marnes-la-Coquette - heeft het gebrek aan ruimte sommigen, zoals mijn vrienden Marianne en Jérôme, ertoe aangezet om om de ringweg over te steken, een zeer symbolische barrière, naar Montreuil of Bagnolet, die sommigen de "DOP-TOP" noemen (departementen en gebieden voorbij de ringweg). Dit acroniem, gehoord uit de mond van een leraar, is een goede illustratie van de sociale minachting waartoe de behoefte om zich door de vier aderen van de intellectuele kleinburgerij te bloeden ertoe kan leiden dat iemands adres samenvalt met de sociale omgeving waarnaar men streeft.

In heel Île-de-France is volgens de Kamer van Notarissen het aandeel kaderleden onder de kopers van appartementen gestegen van 30% in 2009 tot 38% in 2013, wat betekent dat het fenomeen in een stroomversnelling is geraakt. In Île-de-France, een zeer contrastrijk gebied qua inkomen, valt het ons ook op dat de gemiddelde levensstandaard – het bruto beschikbare inkomen per consumptie-eenheid – in 2010 de 25.000 euro overschreed. [13] per jaar in Parijs of Hauts-de-Seine, maar was minder dan 15.000 euro in Seine-Saint-Denis. Bij nader inzien zijn de verschillen veel groter. Zo bedroeg het gemiddelde gezinsinkomen in Boulogne-Billancourt in 2010 26.198 euro in de armste wijk en 119.967 euro in de rijkste! In Parijs varieert het gemiddelde inkomen van 19.837 euro tot... 181.873 euro, afhankelijk van de wijk! Deze verschillen gaan hand in hand met de gedifferentieerde evolutie van de huizenprijzen. Tussen 2009 en 2014 steeg dit met 25% in Montreuil en 29% in Bagnolet, maar het daalde met 6% in Noisy-le-Sec (grenzend aan Montreuil) en met 27% in Aulnay-sous-Bois, een paar kilometer verderop.

Dezelfde ongelijkheid zien we in de andere grote steden: in de armste wijk van Grenoble bedraagt het gemiddelde inkomen 16.175 euro per huishouden, tegenover 86.297 euro in bepaalde delen van Meylan, de chique buitenwijk. Marseille heeft enkele van de rijkste buurten van Frankrijk... en enkele van de armste.

Het resultaat van deze strategie van de rijksten en de race die ze lanceren, is het tekenen van homogene buurten in de grote steden. In een bij uitstek welvarende wijk als die van het Lycée Quesnay hebben de studenten geen idee van de levensstandaard in Frankrijk. Ze zijn zeer verrast als ze horen dat het mediane salaris niet hoger is dan 2.000 euro netto per maand. Op de middelbare scholen waar ik werkte, waren de studenten onder de indruk toen ik ze gegevens over zeer hoge inkomens voorlegde. Ze stelden naïeve (maar relevante) vragen, zoals: "Hoe kun je zoveel geld uitgeven? Op het Lycée François Quesnay zijn de reacties heel verschillend. Als een student verneemt dat de best betaalde kaderleden in de financiële wereld in 2012 gemiddeld meer dan 4 miljoen euro ontvingen, maakt hij zich zorgen: "Maar waarom blijven ze in Frankrijk? Ze moeten gedood worden door de fiscus! Een ander bedroog hem meteen: "Mijn vader is in Londen en we nemen ook alles van hem af, weet je. "Zal het nodig zijn om een psychologische ondersteuningseenheid op te richten op de Quesnay middelbare school ten tijde van de voorlopige derde partij?

Om de sociale interactie te bevorderen, bevatten

vastgoedadvertenties nu de sociaal-demografische gegevens over de wijk. In de rubriek "Buren" vergezelt de site Van individu naar individu dus een vastgoedadvertentie met socio-economische gegevens: gemiddeld inkomen, werkloosheidspercentage, gemiddelde leeftijd, profiel van de buurt ("jonge dynamische kaderleden", bijvoorbeeld).

Wat gebeurt er met de bevolking die door stijgende prijzen uit de stadscentra wordt verdreven? Ze gaan vaak ver weg op zoek naar rust en een betere kwaliteit van leven. Aan de andere kant neemt de eigenaar van een mooi huis in Vinon-sur-Verdon elke dag de auto om naar zijn werk in Marseille te gaan en maakt de inwoner van Louviers zich zorgen over het treinverkeer naar het station van Saint-Lazare. Naast het vervoer is het probleem van deze pioniers de school. De scholen zijn aangepast aan de achteruitgang van de plattelandsbevolking en voldoen niet aan de wensen van de plattelandsbewoners, zowel qua nabijheid als qua kwaliteit.

Merk tot slot op dat de hoge huisvestingskosten een goede schoolpopulatie voorspellen, maar niet garanderen. Vooral in de grote steden bestaat er een bepaald spel. Zelfs met een aandeel van 47% vermogende gezinnen is de kwaliteit van de scholen niet altijd even hoog, zoals de ouders van de meest waakzame leerlingen maar al te goed weten; en fijne sociologische nuances leiden gemakkelijk tot een groot gat in termen van de academische waarde van scholen. We hebben dit gezien met de "frontier" -

wijken, het is ook waar in de chique wijken. Zo is in de goede stad Neuilly-sur-Seine een van de middelbare scholen, hoewel gelegen in een prestigieus district, van zeer gemiddeld niveau, vanwege de meedogenloze concurrentie van een goede openbare middelbare school en drie goede particuliere middelbare scholen. . In grote steden is de schoolkaart daarom een strategische variabele.

De kaart en het territorium

De schoolkaart wijst studenten toe aan scholen, hogescholen en middelbare scholen op basis van hun woonplaats. Op de universiteit hangt de opdracht af van het adres van de vestiging in terminale. Toen het in 1963 werd geïntroduceerd, was het belangrijkste doel van de schoolkaart om te voorspellen hoeveel studenten naar een hogeschool of middelbare school zouden komen, om het maken en sluiten van klassen beter te kunnen beheren. In 1959 werd onderwijs verplicht tot de leeftijd van zestien jaar. Door de explosie van het aantal leerlingen is het nogal acrobatisch geworden om voor elke leerling een plek te vinden in een instelling dicht bij zijn huis. De kaart moet het mogelijk maken om op stromen te anticiperen.

Hiermee kunnen gezinnen niet langer de school voor hun kinderen kiezen. Alle instellingen profiteren van dezelfde programma's, dezelfde lesroosters en hetzelfde onderwijzend personeel, gelijke behandeling van gebruikers, een fundamenteel beginsel van openbare dienstverlening, is gegarandeerd. Er is in principe geen reden om de ene school boven de andere te verkiezen. Ook al was het destijds geen centrale zorg, de schoolkaart voorkomt dat bepaalde gestigmatiseerde instellingen gezinnen zien vluchten en bevordert de sociale diversiteit.

Vandaag is deze sociale mix een doelstelling die door de overheid expliciet aan de schoolkaart wordt toegekend, soms zelfs voorgesteld als een morele verplichting. De socialistische senator Françoise Cartron beschreef in een rapport de situatie van vijf families uit Romainville die hun kinderen, goede studenten, op frauduleuze wijze hadden ingeschreven op de middelbare school Condorcet in Parijs, en was in 2012 verontwaardigd: "Het feit dat de middelbare school in Romainville van zijn beste studenten [...] reproduceert peer-effecten die nadelig zijn voor het academische succes van studenten die de sectorindeling hebben gerespecteerd [14]. Met andere woorden, het zou de plicht zijn van de ouders van goede studenten om hun kinderen achter te laten bij minder goede studenten om promotie te maken de voortgang van de laatste. Bij eerste lezing vroeg ik of er een fout was. Dat zo'n radicale , bijna opofferende opvatting kan worden bevestigd in een democratisch land is nogal verrassend en het is twijfelachtig of de ouders van goede studenten het delen.

Dat gezegd hebbende, moet eraan worden herinnerd dat deze sociale mix lange tijd een pure bezwering is gebleven. In de jaren zestig was het college verdeeld in drie hiërarchische stromingen. De eerste was de middelbare school. De kinderen, vooral uit bevoorrechte milieus, leerden Latijn en de geesteswetenschappen daar in deze "kleine middelbare scholen", die later de CES (secondary education colleges) werden. Afdeling 2, meer in het bijzonder bedoeld voor serieuze studenten uit de arbeidersklasse en ontwikkeld in het algemeen vormend onderwijs (COB), leidde tot het technisch onderwijs, terwijl de schakelklassen in de derde stroom voorbereidden op het leerlingwezen en het actieve leven. We mengden ons niet en de afwezigheid van diversiteit in elke categorie etablissementen beperkte de verleiding om de schoolkaart te omzeilen .

In 1975 schafte de Haby-hervorming de cursussen af, waardoor het beroemde enkele college ontstond. In het begin was het alleen echt uniek in naam, omdat veel studenten zich oriënteerden op technologische of professionele paden, vooral aan het einde van de vijfde klas. Eind jaren zeventig ging slechts 40% van de leerlingen die het zesde jaar ingingen over naar de tweede generaal. En de kansen om 'georiënteerd' te worden, dat wil zeggen uitgesloten van de weg naar het algemeen baccalaureaat, waren evenzeer afhankelijk van de sociale achtergrond van de leerling als van zijn resultaten. Het enige college was daarom een formidabele plaats van sorteren en elimineren, wat vrij homogene klassen opleverde.

Dingen veranderden geleidelijk in de jaren tachtig, met de vermindering van oriëntaties buiten het algemene pad op de universiteit. Een echte sociale mix werd mogelijk en daar begonnen de problemen. Niet noodzakelijkerwijs voor de hogere klassen, die in de chique buurten sowieso op zichzelf bleven. Maar de sociale mix vormde een bedreiging voor de middenklasse, wier kinderen het risico liepen vermengd te worden met die van de arbeidersklasse in minder aantrekkelijke etablissementen en minder selectieve klassen.

Toegegeven, de hervorming ging gepaard met de hervatting van de meeste programma's en vereisten van de CES, erfgenaam van de kleine middelbare school. Het theoretisch niveau van de single college is dan ook goed. Maar deze programma's leggen een snel tempo op, vrij traditionele pedagogiek. Het zou een wonder zijn als alle kinderen ze ineens zouden kunnen absorberen. Vanaf het begin was te voorzien dat veel vestigingen snel in de problemen zouden komen.

Toen de voorspelling eenmaal was bevestigd, probeerden de ouders die tot de middenklasse behoorden aan deze moeilijkheden te ontsnappen, en dus aan de beperking die de schoolkaart hen oplegde.

Omzeilingsstrategieën ontwikkeld in de jaren tachtig en negentig. Het is zelfs een "kastanjeboom" geworden van de tijdschriftpers, die er regelmatig een inventaris van maakt, des te interessanter omdat journalisten juist deel uitmaken van de sociale categorieën die "bedreigd" worden door co-educatie op school. Vandaag volgt 10% van de kinderen onderwijs op een andere openbare school dan die in hun buurt en 20% zit in de privésector. Bijna een op de drie kinderen ontsnapt daarom aan de openbare school in zijn district. We zijn ver verwijderd van gelijkheid. En deze gemiddelden worden op sommige plaatsen ruimschoots overschreden. Montreuil bijvoorbeeld heeft maar tweeëntwintig tweede klassen, terwijl deze stad

100.000 inwoners zouden er twee keer zoveel zijn als al haar jongeren daar onderwijs zouden volgen [15]. Waar zijn de vermiste studenten gebleven? De kinderen van Marianne en Jérôme zitten 's ochtends niet alleen in de metro die naar Parijs leidt! Gemiddeld 'verdwijnt' 12% van de CM2-leerlingen in Seine-Saint-Denis wanneer ze naar het zesde leerjaar gaan.

Hoe omzeil je de schoolkaart? De middelen ontbreken niet.

De eerste is het gebruik van particulier onderwijs.

Sommige instellingen hebben geen contract meer met het Nationaal Onderwijs en zijn duur (van 4.000 euro tot... 30.000 euro per jaar). Maar de overgrote meerderheid van de particuliere instellingen heeft een associatiecontract met de staat en maakt deel uit van de openbare onderwijsdienst. Ouders hebben de zekerheid dat ze de nationale programma's en tijdschema's volgen en dat het mogelijk is om zonder problemen van privé naar openbaar over te gaan. Aangezien de lerarensalarissen door de staat worden betaald, zijn deze instellingen betaalbaar voor de middenklasse (van 1.000 euro tot 2.000 euro per jaar).

Maar ze ontsnappen aan de schoolkaart, die ook nogal discutabel is en heel goed in twijfel getrokken zou kunnen worden door de overheid. Immers, als privéklinieken worden geïntegreerd in regelingen van regionale zorgorganisaties, waarom dan niet hetzelfde in het onderwijssysteem? Deze particuliere instellingen spelen soms het spel van sociale en etnische vermenging. We kennen katholieke hogescholen die een meerderheid van moslimstudenten verwelkomen of waar de families van leidinggevenden overeenkomen hun kinderen onder te brengen ondanks een overwegend populaire rekrutering.

Particuliere scholen spelen echter meestal de rol van toevlucht wanneer de prestaties of reputatie van de plaatselijke openbare school te wensen overlaten. Ze selecteren op dossier, controleren de motivatie van de student en zijn gezin; kortom, ze geven zichzelf de middelen om goede resultaten te behalen. En het is effectief: de privé-inrichtingen zijn vandaag de dag de beste van Frankrijk, daar komen we nog op terug. Deze optredens zijn uiteraard gekoppeld aan het ontvangen publiek. Ouders die bereid zijn zich tot de particuliere sector te wenden en collegegeld te betalen, maken zich noodzakelijkerwijs grote zorgen over het academische succes van hun kinderen en zijn bereid actie te ondernemen om dit te bevorderen, wat erg belangrijk is. Het gebruik van de particuliere sector draagt in hoge mate bij tot het vergroten van de niveauverschillen tussen vestigingen. In een onstabiele context zoals die van de Parijse regio, waar ouders erg waakzaam (of hysterisch, afhankelijk van je standpunt) zijn en waar de schoolkeuze uitgebreid is,

Dit is wat er gebeurde in de buitenwijk waar ik woon. De openbare middelbare school daar had de reputatie hard te zijn voor zwakke studenten, maar efficiënt. De versoepeling van discipline en selectie, dankzij de ijverige toepassing van officiële instructies door de nieuwe hoofdonderwijzer, alarmeerde onmiddellijk de rijkste families. Ik kreeg telefoontjes van buren of vrienden die de middelbare school probeerden te vermijden en wilden weten of ik een oplossing had. Sommigen gingen naar de nabijgelegen particuliere middelbare school, die door een wipeffect aan kwaliteit won, anderen naar verder weg gelegen vestigingen. Leraren op openbare middelbare scholen berekenden dat van de goede negendeklassers in de stad de helft de middelbare school vermeed. Deze bloeding van goede elementen versterkte de achteruitgang: de vrije plaatsen in terminale werden ingenomen door repeaters die elders geweigerd werden omwille van hun slecht dossier, soms van ver komend en opgelegd door de academische inspectie omwille van de beschikbare plaatsen. Als de negatieve spiraal eenmaal is ingezet, is het moeilijk om deze te keren. Van financiële markten wordt gezegd dat ze angstaanjagend zijn als muizen en het geheugen van een olifant hebben. Hetzelfde kan gezegd worden van de ouders van studenten: ze verlaten snel het in verval geraakte establishment en keren pas terug als ze er zeker van zijn dat ze geen risico nemen voor hun kroost. Van financiële markten wordt gezegd dat ze angstaanjagend zijn als muizen en het geheugen van een olifant hebben. Hetzelfde kan gezegd worden van de ouders van studenten: ze verlaten snel het in verval geraakte establishment en keren pas terug als ze er zeker van zijn dat ze geen risico nemen voor hun kroost. Van financiële markten wordt gezegd dat ze angstaanjagend zijn als muizen en het geheugen van een olifant hebben. Hetzelfde kan gezegd worden van de ouders van studenten: ze verlaten snel het in verval geraakte establishment en keren pas terug als ze er zeker van zijn dat ze geen risico nemen voor hun kroost.

andere manier die vaak wordt gebruikt om de schoolkaart te omzeilen, zijn valse adressen duidelijk toegankelijker voor degenen die connecties hebben in de wijk waarvan de felbegeerde instelling afhankelijk is. Het is inderdaad noodzakelijk om een attest van accommodatie te overleggen. Een brievenbus huren is een alternatief. Deze dienst die op internet wordt aangeboden, is in wezen bedoeld voor zelfstandige ondernemers en vrije beroepen. Het kost twintig tot veertig euro per maand, inclusief postdoorsturen. Een ontheffing kan ook worden aangevraagd op basis van de standplaats, eventueel met behulp van een valse tewerkstellingsbelofte.

Het huren of kopen van een ideaal gelegen woning is een radicale oplossing. Zo is te zien dat de vraag naar zeer kleine oppervlakten (minder dan 10 m2) zeer groot is in de buurt van prestigieuze middelbare scholen (bijvoorbeeld Thiers in Marseille of Condorcet in Parijs). Het is ook mogelijk om "drie vliegen in één klap te slaan": Le Particulier haalt het geval aan van een gezin uit Toulouse dat op zoek is naar een studio in de buurt van de prestigieuze middelbare school Pierre de Fermat, om hun oudste zoon te huisvesten... en daar fictief te wonen hun twee andere kinderen [16].

Maar deze parades zijn niet langer genoeg. Het Nationaal Onderwijs lijkt inderdaad effectiever tegen deze praktijken te willen vechten en heeft de middelen om dit te doen. Inrichtingen eisen steeds vaker meerdere verblijfsbewijzen en het aanslagbiljet van de gemeentebelasting van gezinnen. Zoals Marianne en Jérôme begrepen, is het erg moeilijk om deze verzoeken te omzeilen. In de grote steden werd in 2008 een geautomatiseerde procedure voor het toewijzen van studenten met de lieve naam Affelnet opgezet. Het geeft de voorkeur aan het criterium van geografische nabijheid, maar bursalen profiteren van een bonus, die de aanwerving van bepaalde instellingen wijzigt. In

Parijs bijvoorbeeld hadden de middelbare scholen Sophie Germain (7e arrondissement) en Turgot (3e arrondissement) in 2012 45% van de bursalen.

Ten slotte moeten we de politieke interventies noemen, die vaak voorkomen op mijn middelbare school. Het gaat om enkele instellingen, met name in het secundair onderwijs. Maar niet iedereen heeft de connecties van Mazarine Pingeot en dit fenomeen blijft beperkt. Wat het niet acceptabeler maakt in termen van sociale rechtvaardigheid...

Bij gebrek aan het kunnen omzeilen van de schoolkaart grijpt het separatisme soms in binnen een middelmatige school zelf: om goede leerlingen te behouden, kan de directie (in weerwil van officiële teksten) homogene klassen vormen of in ieder geval een goede klas isoleren. Dit wordt al lang de

"CAMIF-klassen", naar de naam van deze voormalige coöperatieve die aangesloten was bij het ziekenfonds voor leerkrachten, omdat ze de kinderen van leerkrachten uit de buurt samenbrachten. Sommigen aarzelen niet om de directeur van het college te ontmoeten en hem de markt in handen te geven: of hij vormt een goede klas, toevertrouwd aan de beste leraren, of ze trekken hun kind terug uit het establishment.

Een studie heeft aangetoond dat de groepering van leerlingen die Duits als eerste taal leerden vaker voorkwam op kansarme hogescholen [17].

Kans ! Ook de keuze voor Latijn of Grieks kan deze

rol spelen. Maar de duidelijkste markering is de Europese klasse. Het is niet ongebruikelijk om klassengemiddelde verschillen van drie punten waar te nemen tussen een derde of een tweede Europeaan en de andere klassen van hetzelfde etablissement. Deze strategie van hergroepering en afscheiding wordt vaak toegepast door hoofdonderwijzers, omdat alleen zij het mogelijk maakt om de beste elementen te behouden, zelfs als ze zich bewust zijn van de perverse effecten ervan. Naast het feit dat ze de toorn van hun hiërarchie kunnen ondergaan, kan dit leiden tot botsingen tussen zeer verschillende doelgroepen. De aanwezigheid van goede studenten heeft de neiging om het falen van anderen en de gevoelens van degradatie en onrechtvaardigheid die zij kunnen koesteren, te onderstrepen. Er is geen eliteklasse zonder

" trashclasses ", waarvan de eenvoudige naam grofweg het symbolische geweld beschrijft waarmee jongeren en ouders worden geconfronteerd.

Naar een afschaffing van de schoolkaart?

Het omzeilen van de schoolkaart die ingewikkelder is geworden, weegt de ijzeren wet van het adres steeds zwaarder. In reactie daarop verruimde de regering in 2007 de derogatiemogelijkheden, in afwachting van een totale afschaffing die in 2012 zou plaatsvinden... maar sindsdien in het ongewisse is verdwenen. De staat blaast dus warm en koud, wat zijn aarzelingen weerspiegelt: de schoolkaart beperkt de vermijdingsstrategieën van bepaalde gezinnen... maar blokkeert degenen die in achterstandswijken wonen in minder goede instellingen. Van de twee kwaden, welke is de minste?

Sommige middelbare scholen ontsnappen aan de schoolkaart. In Parijs zijn Henri IV en Louis Le Grand volledig gedesectoriseerd: alleen het dossier van de student telt. In Versailles, waar geen schoolkaart is, kan de beste middelbare school de beste leerlingen kiezen.

Er kunnen nu zeven hiërarchische redenen voor afwijking worden ingeroepen: een handicap, een medische reden, het feit beursstudent te zijn, een bepaalde schoolloopbaan, toenadering tussen broers en zussen, het feit dat de residentie dicht bij de gewenste vestiging ligt, en "Andere redenen". Met de "speciale schoolcursus" kunnen muzikale of meertalige leerlingen naar een school gaan met flexibele uurroosters. De vroege keuze voor een tweede moderne taal op de universiteit, de optie 'kunstgeschiedenis' op de middelbare school zijn andere mogelijkheden. De regering heeft beslist om de impact van deze reden vanaf de start van het academiejaar 2014 te beperken, omdat het gebruik van zeldzame opties een simpel voorwendsel zou kunnen zijn. Het is dan ook gebruikelijk dat een gezin dat op zoek is naar een goede vestiging buiten de sector, een gesprek aanvraagt met het hoofd van de vestiging en hem een toespraak houdt als: "Hier is het dossier van mijn kind. Je ziet dat hij een zeer goede leerling is. Wat moet ik hem vragen om naar je huis te komen? Het antwoord kan bijvoorbeeld "gespecialiseerde sportactiviteit, volleybaloptie" zijn. Niemand controleert de volleybalvaardigheden van de student. Hij krijgt de opdracht van zijn keuze en de middelbare school, een goed element In Parijs zijn deze "reizen

individuen zijn goed voor 48% van de vrijstellingsaanvragen, drie keer meer dan in de rest van Frankrijk. Ook de medische reden kan worden gemanipuleerd. Er wordt soms een beroep op gedaan om mijn middelbare school te integreren, op basis van medische dossiers waarin "aandachtsstoornissen" en andere nogal vage pathologieën worden genoemd, die een kortere transporttijd zouden vereisen voor de student, die toevallig in de buurt woont, maar buiten het gebied ...

Ouders haastten zich niet in de nieuwe vrijheden die hun werden geboden. Tussen 2006 en 2009 is het aantal afwijkingsverzoeken gestegen van 6% naar 11% van de leerlingen. 60% tot 70% is tevreden, zodat afwijkingen nu iets meer dan 7% van de opdrachtdossiers uitmaken, wat laag blijft [18]. Veel talrijker (36%) in Parijs, zijn de verzoeken grotendeels minder gehonoreerd (31%) dan in heel Frankrijk, aangezien de opvangcapaciteit van hogescholen en middelbare scholen niet tot in het oneindige kan worden uitgebreid.

Afwijkingen gelden uiteraard niet voor alle sociale categorieën in gelijke mate. Welvarende gezinnen hebben het zelden nodig, omdat ze per definitie wonen waar de goede etablissementen zijn. Uit een enquête in Montpellier bleek dat de colleges van de mooie wijken degene waren die bij hun rekrutering de schoolkaart het beste respecteerden [19]. Particuliere kaderleden of winkeliers doen vaak een beroep op particulier onderwijs. Door een gebrek aan informatie zijn de arbeidersklasse het vaakst tevreden over de openbare orde in hun district. Er blijven mensen die niet over de financiële middelen beschikken om in de beste buurten te wonen, maar die een opleidingsniveau hebben waardoor ze het onderwijssysteem kennen en weten dat vrijstellingen mogelijk zijn, hoe ze te verkrijgen en dat het belangrijk is om pak ze. Het ideale type zoeker is daarom de leraar. In feite zijn leraren twee keer zo vaak dan gemiddeld geneigd om hun kinderen in te schrijven op een openbare school buiten die van hun sector.

Waarom leidde de versoepeling van de schoolkaart niet tot de afschaffing ervan, zoals Nicolas Sarkozy voor ogen had? Zijn palmares is omstreden. Het heeft geleid tot de desertie van bepaalde etablissementen. Zo zijn de ambtenaren van het Henri Longchambon-college in Lyon van mening dat de versoepeling, "als het sommigen ten goede had kunnen komen, de situatie van hun vestiging heeft verslechterd" (vijfde meest achtergestelde universiteit in de Rhône). Gezien het aantal CM2-studenten in het gebied, had het 190 nieuwe leerlingen van de zesde klas moeten verwelkomen, maar

Slechts 120 studenten kwamen opdagen [20]. Met 55 derogatieverzoeken in 2010 was het de meest gemeden hogeschool van het departement, ondanks de spectaculaire stijging van de resultaten.

Het probleem van de vermeden vestigingen is dat ze middelen verliezen, omdat deze gekoppeld zijn aan het aantal personeelsleden: ze bieden dan minder mogelijkheden en moeten soms de maatregelen opgeven die zijn bedacht om de problemen die ze tegenkomen op te lossen. Het is goed dat een school niet te groot is, om elke leerling goed te leren kennen, maar een te kleine school is niet levensvatbaar. Als bijvoorbeeld één op de tien leerlingen Duits studeert, zal een school met slechts twee klassen per niveau slechts vier of vijf Germanisten hebben. Of Duits zal niet meer worden aangeboden op de middelbare school, waardoor het meer studenten zal verliezen, of het zal ten koste gaan van een aanzienlijk verbruik van menselijke hulpbronnen, waardoor een andere leer moet worden opgeofferd. De personeelsinkrimping leidt ook tot banenverlies, waardoor teams ontwricht raken en projecten in twijfel worden getrokken. Ten slotte nemen de slaagkansen in deze vestigingen af.

De regering-Hollande ging daarom de andere kant op. Hervorming van de middelbare school zou het einde kunnen betekenen van Europese klassen en oude taalopties, die zo vaak door de best geïnformeerde ouders worden gebruikt om de schoolkaart te omzeilen.

Geklemd tussen een strakke schoolkaart die ruimtelijke segregatie onderschrijft en een keuzevrijheid die sociale segregatie toevoegt, heeft de overheid geen goede oplossing gevonden. De reden voor deze impasse is simpel: het is moeilijk om een egalitaire school te bouwen in een samenleving die dat niet is. De enorme spanningen rond de schoolkaart zijn het gevolg van groeiende ongelijkheden tussen vestigingen, in een context van verergerd elitisme en ruimtelijke segregatie. Ze kunnen alleen maar erger worden naarmate meer en beter opgeleide ouders zich bewust worden van de problemen.

Voor degenen die ongelijkheden waarnemen, is er een Frans raadsel: Frankrijk is qua inkomen niet bijzonder ongelijk in vergelijking met andere ontwikkelde landen. Het werk van de OESO (Organisatie voor Economische Samenwerking en Ontwikkeling) plaatst haar in een middenpositie [21]. Bovendien is toegang tot school gratis en verplicht tot zestien jaar. De meest kansarmen profiteren van beurzen en de middelen bestemd voor kansarme instellingen zijn de afgelopen dertig jaar verhoogd. Frankrijk doet het echter minder goed op het gebied van onderwijsongelijkheid dan landen waar de elites onderling op school blijven voor 30.000 euro per jaar. Het is ongelooflijk en toch wordt het jaar na jaar bevestigd door de PISA-enquêtes: "In Frankrijk is de correlatie tussen sociaal-economische achtergrond en prestaties veel groter dan in de meeste andere OESO-landen", schrijven de mensen die verantwoordelijk zijn voor dit onderzoek, en " het Franse onderwijssysteem is in 2012 ongelijker dan negen jaar eerder" [22]. Dit hoofdstuk helpt ons te begrijpen waarom. Gezinnen met een bevoorrechte achtergrond zijn degenen die het meest efficiënt gebruik maken van het schoolsysteem dat de staat ter beschikking stelt aan de burgers. En dat lukt vooral omdat ze rijker zijn. Geld is niet alles, verre van dat. Maar het is de eerste reden waarom de kloof tussen vestigingen groter wordt. Een Amerikaans onderzoek door de onpartijdige PEW Foundation [23] laat zien dat ruimtelijke segregatie de ongelijkheid van kansen vergroot. De school staat centraal in dit fenomeen.

Hoofdstuk 2 Aantekeningen

1. Robert P.ARK, "De stad: voorstellen voor onderzoek naar menselijk gedrag in een stedelijke omgeving" (1925), in The School of Chicago. Geboorte van de stadsecologie, Editions du Champ urbain, Parijs, 1979, p. 125.

2. De gemiddelde inkomens van elke IRIS (cluster gegroepeerd voor statistische informatie), een groep van ongeveer duizend huishoudens, zijn beschikbaar op de INSEE-website.

3. Gabrielle FACK en Julien G.RENET, "Schoolkaart en vastgoedprijzen in Parijs", in Denise PUMAIN en Marie-Flore M.ATTEI (ed.), Urban Data, vol. 6, Economica, Parijs, 2011, p. 181-186.

4. Sandra BLACK, "Doen betere scholen ertoe? Ouderlijke waardering van het basisonderwijs", Quarterly Journal of Economics, n^{oh} 114(2), 1999, p. 577-599.

5. Wensen aan de pers, 20 januari 2015.

6. Eric M.AURIN, Het Franse getto. Onderzoek naar sociaal separatisme, Threshold, Parijs, 2004.

7. Didier L.APEYRONNIE, Stedelijk getto. Segregatie, geweld, armoede in Frankrijk vandaag, Robert Laffont, Parijs, 2008.

8. ONATIONAAL OBSERVATORIUM VAN GEVOELIGE STEDELIJKE GEBIEDEN, Rapport 2013, Les Éditions du CIV, Parijs, 2013, p. 90.

9. Laurent VISIER en Genevieve ZOIA, De schoolkaart en het *stedelijk gebied*, PUF, Parijs, 2009.

10. ONATIONAAL OBSERVATORIUM VAN GEVOELIGE STEDELIJKE GEBIEDEN, Rapport 2013, op. cit.

11. Zie bijvoorbeeld Anne CLERVAL, Parijs zonder de mensen. De gentrificatie van de hoofdstad, La Découverte, Parijs, 2013.

12. "Bobo's, migranten: twee "klassen" die stadscentra veroveren", Île-de-France 2030, 2 december 2013.

13. TAlle in deze paragraaf vermelde gegevens zijn beschikbaar op de website

14. Informatief rapport nr. oh 617 (2011-2012) van mevrouw Françoise Cartron, opgesteld in opdracht van de Commissie cultuur, onderwijs en

communicatie, ingediend op 27 juni 2012.

15 . Ibid., p. 37.

16. "De schoolkaart verhoogt de prijzen: beursgenoteerde vestigingen stimuleren de vraag in Parijs en in de provincies", Le Particulier immobilier, n°h 292, december 2012,

17. Monique GIRY-VSOISSARD en Xavier N.IEL, "Homogenity and disparity of classes in public colleges", Briefingnota, nr oh 97-30, Ministry of National Education, juli 1997.

18. Zie Gabrielle FACK en Julien G.RENET, Evaluatierapport over de flexibiliteit van de schoolkaart, CEPREMAP, Parijs, januari 2012.

19. Laurent VISIER en Genevieve ZOIA, De schoolkaart *en het stedelijk territorium*, op. cit.

20. Informatief rapport nr . oh 617 (2011-2012) van mevrouw Françoise Cardron, op. cit.

21. De Gini-index vertaalt ongelijkheden door een getal tussen 0 (perfecte gelijkheid) en 1 (totale ongelijkheid). Frankrijk (0,30) is iets ongelijker dan Denemarken (0,25) of Zweden (0,27), maar minder dan de Verenigde Staten (0,38), het Verenigd Koninkrijk (0,34) of Spanje (0,34).

22. OESO, onderzoeksresultaten voor Frankrijk PISA, 2012.

23. "Mobiliteit en de metropool. How communities factor into economic mobility", Een rapport van de PEW liefdadigheidsinstellingen, december 2013.

3

Steunkrukken voor school

"Als een kind geen vooruitgang boekt, moet hij opgeven [methodes die niet bij hem passen] [1]. »

Toen ik niet aankwam op het Lycée Quesnay, was ik teleurgesteld over het niveau van expressie en organisatie van de studenten. Sommigen leken zelfs erg zwak in mijn discipline. Over het algemeen zijn de resultaten echter goed. Waarom slagen de zwakke studenten van Quesnay erin om eruit te komen en hun baccalaureaat te halen? Ik vond snel het antwoord.

In januari heb ik de roosters van twee groepen leerlingen in dezelfde klas omgedraaid, zodat de een niet benadeeld werd ten opzichte van de ander. Marine kwam me vragen haar groep te veranderen om hetzelfde schema aan te houden. Ik vertelde haar waarom het onmogelijk was en ze begon te huilen. Toen ze kon praten, legde ze me het probleem uit: ze had een privé wiskundeles op dit tijdslot en het was heel moeilijk om die te verplaatsen. Donderdagavond ? Ze had haar privé geschiedenisles. Vrijdag ? Filosofie. In totaal volgde ze privélessen in vijf verschillende disciplines, die haar niet allemaal veel leerden, maar haar zoveel geruststelden dat het haar onmogelijk leek om zonder te doen. Ik besprak dit onderwerp met mijn studenten en ontdekte dat zijn geval niet ongewoon was.

Over het algemeen lijken ouders die geld hebben bereid om privélessen voor hun kinderen zonder echte limiet te betalen, omdat ze geen tijd hebben om ze zelf te helpen, omdat ze niet in staat zijn om hen direct te blijven helpen wanneer de onderwerpen technischer worden en omdat het is niet altijd gemakkelijk om werk te maken voor je eigen kinderen, die pubers zijn geworden en snel opstandig zijn. Natuurlijk kunnen "kleine cursussen" niet alles doen, vooral niet als het gaat om het opvullen van oude hiaten. Een collega vertelde me over een student: "I de indruk dat hij niet begrijpt wat een getal is. Evenzo gaan sommigen na jaren van werk en verschillende oefeningen nog steeds van het onderwerp af en antwoorden aan de zijlijn. Zou het verhogen van de doses iets veranderen?

Bovendien is de werkdruk die aan jonge kinderen kan worden opgelegd beperkt. Ik herinner me de woorden van een vader die me ervan wilde overtuigen dat zijn dochter ondanks haar onvoldoende resultaten van de tweede naar de eerste ES moest gaan: "En als ze de hele zomer meerdere uren per dag werkt? Kan ze niet van 20/8 naar 20/10? Ja, maar tegen welke prijs? Lukt het een student die de zomer gebogen over zijn boeken heeft doorgebracht om het volgende jaar verder te gaan? Zal hij school niet afwijzen? "Ik heb als een gek gewerkt om de medische stage te krijgen en ik weet dat het werk loont", voegde hij eraan toe. Alsof de twee situaties vergelijkbaar zijn!

We moeten daarom op onze hoede zijn voor het idee dat privélessen een investering zijn die we onbeperkt kunnen opbouwen als we de financiële middelen hebben om dat te doen. De resultaten staan niet in verhouding tot het aantal cursussen. De effectiviteit van overwerk is, net als die van alle investeringen, onderhevig aan de wet van de afnemende meeropbrengst: het neemt af naarmate het volume toeneemt.

Zodra deze reserveringen zijn gemaakt, moet worden erkend dat privélessen echt effectief zijn. Ze vinden plaats in het tempo van de leerling, gedwongen tot een zekere aandacht. De leerling is het vaakst actief, terwijl het moeilijk is om een hele klas erbij te betrekken. Privébegeleiding kan ook het vertrouwen herstellen van een student die slechte cijfers heeft gehaald of die het gevoel heeft dat hij het niet begrijpt, door hem de kans te geven vragen te stellen zonder bang te hoeven zijn voor gek te worden gehouden. Ik geef het toe, ik voel soms een zekere angst als studenten die bekend staan om hun verkeerde interpretaties hun hand opsteken om een vraag te stellen in de klas. Ik voel me als de keeper op het moment van de strafschop, die zich afvraagt welke kant hij op zal gaan. Bij privélessen is het voldoende dat de leraar positief is,

Ten slotte is er het geval van de student die wordt geconfronteerd met een falende leraar. Ik ben in een goede positie om te weten dat het bestaat. Terminale klassenadviezen, op een goede openbare middelbare school: de filosofieleraar daar staat erom bekend dat hij soms in slaap valt in de klas, zijn lessen weinig voorbereidt, zijn lessen laat begint en ze vroeg afmaakt. Conflicten met vertegenwoordigers van ouders en leerlingen tijdens raadsvergaderingen zijn vrij frequent. Vind je dit normaal? Algemene verlegenheid. de

directeur verdedigt slap de leraar, die onbezorgd lijkt en ijverig tekent op het blad met de cijfers van de leerlingen. Ondertussen vraag ik me af hoe het gaat met de veertien leerlingen die geen bijlessen volgen...

Particuliere organisaties glippen ook snel door de mazen in de wet. In een voorbereidende klas op een prestigieuze Parijse middelbare school daagden studenten de vaardigheden van een leraar uit en begonnen zijn lessen te verlaten. In een paar weken tijd zette een bijlesbedrijf een cursus op in hetzelfde vak en op dezelfde tijden, wat resulteerde in het gênante absenteïsme van de studenten, die niet van plan waren hun kansen in de competities in gevaar te brengen. Het probleem werd opgelost door de betreffende leraar discreet te 'exfiltreren'.

"Een kind in moeilijkheden is een onwetend kind... zijn sterke punten"

"Schoolondersteuning heeft nog een mooie toekomst voor de boeg: groeiende bevolking van 6-19-jarigen, groeiende angst bij ouders en studenten in het licht van stijgende werkloosheid, angst voor degradatie, wantrouwen in het schoolsysteem. "Ik ben het niet die het zegt, maar Xerfi [2], erkend specialist in marktonderzoek, die 185 pagina's wijdt aan de studie van de bijlesmarkt, geschat tussen 1,5 miljard en 2 miljard euro per jaar. Xerfi gelooft ook dat deze markt onder- uitgebuit.

Toch is het nu al de grootste in de Europese Unie. In het onderzoek naar de prestaties van leerlingen uit 2009 stelde de OESO een vraag over bijles. Het blijkt dat deze ondersteuning vooral is ontwikkeld in Aziatische landen, vanwege de grote schooldruk, en in Oost-Europa, vanwege de verloedering van het schoolsysteem. Frankrijk staat net achter deze twee groepen landen, waarschijnlijk vanwege een combinatie van deze twee oorzaken. Een kwart van de vijftienjarige kinderen volgt ondersteunende lessen in hun moedertaal in Frankrijk, vergeleken met tweederde in Korea... maar slechts één op de twaalf in Finland. Bij wiskunde is het contrast nog groter, omdat het het meest selectieve vak in Frankrijk is: 38% van de studenten volgt ondersteunende vakken, vergeleken met slechts 10% in Finland.

Volgens socioloog Jean-Paul Caille profiteert een op de tien leerlingen van het zesde leerjaar van betaalde bijles [3]. Het zijn niet leidinggevenden die het meest gebruik maken van bijles in het zesde leerjaar, maar bedrijfsleiders, vrije beroepen en ambachtslieden, handelaars.

In totaal wordt de betaalde bijles door het Centrum voor Strategische Analyse[4] geschat op 40 miljoen uur les per jaar, ofwel een gemiddeld budget voor ouders van 1.500 euro per jaar voor 40 uur begeleiding, waarbij het lesuur gemiddeld 36,50 euro wordt gefactureerd. Bedrijven in de sector vertegenwoordigen slechts ongeveer 5 miljoen uur, of 12,5% van de verstrekte uren, de rest is voornamelijk zwartwerk dat wordt uitgevoerd door leraren en studenten. Het aandeel van bedrijven is de afgelopen jaren gedaald, wellicht door de stijging van belastingen en premies, die alle persoonlijke dienstverlening treft. Deze bedrijven zijn gering in aantal, Academia en Complétude zijn de belangrijkste.

Om zich te ontwikkelen, wakkeren ze het gevoel van onveiligheid op school aan: de openbare school is slecht georganiseerd, rigide, begrijpt uw kind niet. Een prachtig voorbeeld werd gegeven door de reclamecampagne die Academia in het najaar van 2013 lanceerde: vetgedrukt: "Een kind in moeilijkheden is een onwetend kind", en vervolgens, in bleke letters, "... zijn sterke punten". Het eerste niveau van het lezen van deze slogan is dat de adverteerder wilde choqueren met de eerste verklaring, om de aandacht te trekken, voordat hij benadrukte dat Acadomia in staat is om de sterke punten van de 'student' te vinden en te benadrukken. Maar er is een tweede niveau van lezen: de slogan suggereert dat de school de sterke punten van kinderen negeert, en dus ook hun moeilijkheden. Het is des te effectiever omdat het gedeeltelijk waar is. We weten dat onze school bepaalde bekwaamheden en vaardigheden meer evalueert dan andere en dat het heel moeilijk is om alles van elk individu af te wegen in een groep van dertig studenten. We weten ook dat ze selectief is, weinig oog heeft voor ieders eigenheid... wat niet wil zeggen dat de medewerkers van Acadomia het beter doen.

In een competitief systeem is bijles bedoeld om uw kind een voordeel te geven. Deze logica leidt onvermijdelijk tot een inflatoir proces: als de kinderen van anderen ook terminale steun hebben, moeten de mijne vanaf de tweede steun hebben om vooruit te komen. En als de meerderheid steun krijgt als tweede, moet ik eerder beginnen. Dit gekke mechanisme gaat ver, aangezien de Methodia-groep bijles biedt vanaf de vooropleiding, met name hulp bij huiswerk (denk eraan dat huiswerk op de basisschool verboden is). We kunnen niet beter.

Inderdaad, ja: de "minischolen" bieden activiteiten aan, met name het leren van Engels, vanaf de kleuterschool. Deze initiatieven krijgen de steun van de ouders, op voorwaarde dat het kind praktisch vanaf de wieg moet worden ondersteund: "Het is niet voldoende om uw kind naar school te brengen, het volgen van zijn schoolvoortgang wordt ten zeerste aanbevolen. . Dankzij internet , sites gewijd aan schoolondersteuning worden voortdurend verbeterd om de taak van ouders gemakkelijker te maken. [...] Je hebt dus schoolondersteuningsfiches met praktische oefeningen en lessen [5.] Het doel is om "te slagen in de kleuterklas"! Alleen ouders die zich gedwongen voelen om te zoeken het internet voor bijlesbladen voor hun vier- of vijfjarige kinderen spreekt boekdelen over de houding van onze samenleving ten opzichte van school, ouderlijke stress en angst voor de toekomst.

Gesproken door Mediapart, vat een schoolhoofd van Belleville samen wat er geweldig gebeurt:

Er is een buitengewone spanning onder voogden, te beginnen op de kleuterschool. Het is fantastisch. Het moet verband houden met de monetaire noodsituatie. Gezinnen moeten hun kind een jaar voor de normale leeftijd inschrijven. Zij zorgen ervoor dat hun jongen smetteloos zal zijn! Een plaatselijk hoofd zag een vader snikken dat zijn meisje een jaar voor moest lopen op schema, voor het geval ze op een dag een cijfer moest overdoen. We zien overdreven, overbelegde jongeren. Die een te zware last overbrengen6.

Vanuit een ander punt gezien, is deze spanning een indrukwekkende drijfveer achter het gebruik van coaching. Tijdens de ochtendpauze herinneren twee kleine kinderen zich mijn aanwezigheid niet en bezoeken ze onopvallend een paar meter van de werkplek. De ene, een ietwat fatsoenlijke leerling en aan wie ik de grote god zonder toelating zou hebben gegeven, verduidelijkt voor haar metgezel dat ze de post moest bekijken, het schoolrapport moest opvangen, het moest filteren, een cijfer en een waardering moest wijzigen, het moest afdrukken en doe het terug in een envelop omdat in ieder geval "[zijn] moeder van het diepe zou zijn gegaan bij het zien van de numerieke notitie. [Ze zou] lange tijd zijn afgezonderd ".

Net voor elke test stuurt Cécile me een e-mail met vragen over de cursus en negatieve opmerkingen ("Ik heb het gevoel dat ik deze test zal bombarderen"). Hermine ontdekt dat haar duidelijke Franse spreekbeurt met een gevreesde leraar een paar uur is vervroegd en zal overgeven in het toilet. Maxence, in paniek, bedriegt door zo goed mogelijk een antwoordsleutel te kopiëren die hij van internet heeft gehaald met behulp van zijn laptop die in zijn kit is verborgen (vervelend detail: de antwoordsleutel beantwoordt een ander onderwerp). Dinsdag valt Lise flauw en moet ze naar de ziekenboeg. Ze dronk een kwart rum, gewoon om de lesdag wat makkelijker door te komen.

Coaching, hoogwaardige service

Naast bijles is ook coaching in ontwikkeling. Het bestaat er met name in leerlingen te laten nadenken over hun relatie tot de school, over hun werkwijze, hen oriënterende toetsen te laten maken en hen te helpen bij de te nemen stappen, met name om naar het hoger onderwijs te gaan. Ik krijg dan ook regelmatig berichten van coaches die mij uitleggen hoe ik de dossiers van hun cliënten die zich willen inschrijven aan buitenlandse universiteiten, moet vervolledigen. Een bijzonder onhandige coach bood zelfs aan om een aanbevelingsbrief voor mij te schrijven ("teken maar") voor een van mijn laatstejaarsstudenten!

Coaching is over het algemeen ontworpen als een high-end service, zoals de naam ontleend aan de wereld van grote bedrijven en leidinggevenden suggereert. In deze omgeving wordt de hulp van een coach immers gebruikt om na te denken over hun carrièreplan, om met meer vertrouwen een nieuwe functie aan te gaan of om tijdelijke professionele moeilijkheden te overwinnen. Naar analogie moet schoolcoaching de leerling helpen nadenken over zijn oriëntatie, zijn praktijken, zijn motivatie en een schooltraject uitstippelen dat aansluit bij zijn persoonlijkheid. Het is daarom een werk van luisteren en uitwisselen dat ouders moeilijk zelf kunnen doen.

De prijzen gaan hand in hand met dit topprofiel:

twee testsessies en een individuele coachingsessie worden aangeboden vanaf 450 euro inclusief btw door Ionis-tutoring.fr. Objectif Postbac rekent de sessie 95 euro per uur aan... wat niet duur is in vergelijking met andere activiteiten, legt het bedrijf op zijn site uit:

Ter vergelijking enkele prijzen: stemcoaching (studio Lorenzo Pancino): 200 i/u; make-oversessie (schoonheidsinstituut in de provincies): i245 voor een middag; raadpleging gedragspsychotherapie (Parijs 13): 150 i voor H h, met gemiddeld 20 sessies; vliegcursus voor het brevet van privépiloot (Aéro-Club de l'Ouest parisien): 164 i/u, met een minimum van 40 uur; priveéles kitesurfen (Hérault): 180 i/u.

Het is een standpunt. Deze lijst met activiteiten maakt duidelijk op welke doelgroep u zich richt. We zullen ook waarderen dat de rubriek "Wat kost coaching door OPB" wordt geïllustreerd met een foto van een American Express Centurion-kaart, gereserveerd voor klanten die minstens 150.000 euro per jaar besteden.

Het verkoopargument van coaching is persoonlijkheidstesten. Veel studenten twijfelen over hun oriëntatie. Wel wordt van hen gevraagd om heel vroeg en heel precies te weten wat ze willen doen en zich te oriënteren in een steeds groter wordend aanbod aan opleidingen. In de mondelingen van vele wedstrijden, vanaf het baccalaureaat, wordt de kandidaat gevraagd wat zijn studieproject is, zelfs zijn professionele project, waarvan de jury de consistentie met de gevolgde studies op prijs stelt. Veel jongeren van zeventien of achttien, zonder ervaring in de wereld van werk, hebben geen idee. Ze slagen daarom voor oriënterende tests, in de verwachting dat de mentor hen zal vertellen: "Ik heb je karakter onderzocht, je capaciteiten en hier is de voorbereiding die bij je past. Dit vertrouwen is duidelijk ontmoedigd. Toch kan lesgeven kinderen van speciale stichtingen helpen. Voor het grootste deel afkomstig uit het bedrijfsleven en overtuigd dat ze de voorkeur hebben boven openbare training, overtuigen mentoren des te effectiever leiders, die bekend zijn met deze bekwaamheid. Het is dan ook niet onverwacht dat 70% van de opgeleide bewakers van studenten bedrijfsleiders zijn.7 .

Zoals duidelijk mag zijn, is het niet altijd eenvoudig om een understudy van François Quesnay te zijn. De spanning komt van alle kanten: voogden, instructeurs, studenten zelf, die zich inzetten om te slagen. Het is gigantisch, af en toe onhoudbaar.

Op geen enkele andere school had ik zoveel mentale problemen gezien die verband hielden met school. Studenten in voorbereidende lessen krijgen ook sofrologiebijeenkomsten aangeboden. Onder dwang van omstandigheden verandert stress in een aanzienlijke markt. De aangeboden arrangementen variëren van sofrologie tot homeopathie, door middel van naaldtherapie en remediërende betovering.

Nadat we opnieuw zijn ontworpen, klaar, getraind, zijn hier onze gedupeerde studenten.

De rol van belastingvoordelen

Sinds 2005 genieten de kosten van studiebegeleiding een belastingvermindering van 50% van het werkelijk betaalde bedrag. In 2007 is een heffingskorting van dezelfde omvang toegevoegd om niet-belastingplichtige huishoudens niet te benadelen. Het doel van deze bepaling is de dienstverlening aan individuen, en dus de werkgelegenheid, te bevorderen en zwartwerk terug te dringen. De aftrek is gemaximeerd. Dit plafond, aanzienlijk verhoogd in de jaren 2000, bedraagt 12.000 tot 15.000 euro, afhankelijk van het aantal kinderen, wat het mogelijk maakt om vele uren ondersteuning te betalen. Dit voordeel maakt ook deel uit van de fiscale mazen, waarvan het totale bedrag is geplafonneerd.

Het belastingvoordeel speelt een essentiële rol in het succes van bijlesbedrijven, waarvan het economische model er grofweg als volgt uitziet: ze vragen 36,50 euro voor een lesuur en betalen de werknemer ongeveer 15 euro, plus sociale bijdragen. De loonkost voor het bedrijf bedraagt ongeveer 27 euro. De marge van 9,50 euro wordt gebruikt om vaste werknemers te belonen, kantoren te betalen, enz. Wat overblijft voor de aandeelhouders is dus niet zo belangrijk. Om hun structuur af te schrijven en hun knowhow te gelde te maken, lanceren deze bedrijven ook ondersteunende diensten (bijvoorbeeld kinderopvang). Hun voortbestaan zou in het gedrang komen als het belastingvoordeel zou verdwijnen.

Voor ouders bedraagt de uurkost 18,25 euro na aftrek van het belastingvoordeel. De alternatieven: ga naar een freelancer, betaald in dienstencheques voor tewerkstelling, die iets minder zal kosten, wegens het ontbreken van een loonstructuur, of die zwart betaald zal worden. De dienstverlener betaalt in dit geval geen sociale lasten of de CSG (algemene sociale bijdrage) en kan dus iets meer verdienen, ook al verliezen de ouders het belastingvoordeel. Een gediplomeerde leraar die een extra uur les geeft, krijgt ongeveer 37 euro betaald (bruto, maar de kosten voor overuren zijn erg laag), een agrégé 52 euro, een leraar in een voorbereidende klas van 71 tot 121 euro, naargelang het geval . . Het is voor bijlesbedrijven dus erg moeilijk om in dienst te nemen de dienstverlener betaalt noch sociale lasten noch de CSG (veralgemeende sociale bijdrage) en kan dus iets meer verdienen, ook al verliezen de ouders het belastingvoordeel. Een gediplomeerde leraar die een extra uur les geeft, krijgt ongeveer 37 euro betaald (bruto, maar de kosten voor overuren zijn erg laag), een agrégé 52 euro, een leraar in een voorbereidende klas van 71 tot 121 euro, naargelang het geval . . Het is voor bijlesbedrijven dus erg moeilijk om in dienst te nemen de dienstverlener betaalt noch sociale lasten noch de CSG (veralgemeende sociale bijdrage) en kan dus iets meer verdienen, ook al verliezen de ouders het belastingvoordeel. Een gediplomeerde leraar die een extra uur les geeft, krijgt ongeveer 37 euro betaald (bruto, maar de kosten voor overuren zijn erg laag), een agrégé 52 euro, een leraar in een voorbereidende klas van 71 tot 121 euro, naargelang het geval . . Het is voor bijlesbedrijven dan ook erg moeilijk om een leraar voorbereidende klas in dienst te nemen van 71 tot 121 euro, afhankelijk van het geval. Het is voor bijlesbedrijven dan ook erg moeilijk om een leraar voorbereidende klas in dienst te nemen van 71 tot 121 euro, afhankelijk van het geval. Het is daarom erg moeilijk voor bijlesbedrijven om gekwalificeerde professionals in dienst te nemen. Bij het Lycée Quesnay liggen de tarieven rond de 40 tot 60 euro per zwart uur. Bijlesbedrijven maken daarom vooral gebruik van de diensten van bachelor- of masterstudenten 1.

Er kan dus niet worden gezegd dat de belastingheffing de bijlesmarkt heeft gecreëerd. Het heeft hooguit het succes mogelijk gemaakt van enkele gespecialiseerde bedrijven, in een tot nu toe kleinschalige en slecht gereguleerde markt. Heeft het bijles toegankelijker gemaakt voor gezinnen met een laag inkomen? Dat zou je denken, want de bedrijven zijn goed bereikbaar voor wie geen persoonlijk contact heeft met gevorderden of docenten. Het belastingvoordeel drukt de prijzen ook iets, op voorwaarde dat je afziet van het in dienst nemen van een gekwalificeerde leraar.

Deze toegankelijkheid van ondersteuning is vooral belangrijk voor jongere studenten. In het zesde leerjaar, zo blijkt uit het onderzoek van Jean-Paul Caille, betreft de vraag naar bijles de zwaksten, die vaak van bescheiden komaf zijn. Het vermogen van ouders om kinderen te helpen is doorslaggevend. Het zijn dus leraren die het het minst gebruiken en immigranten gebruiken het beduidend meer dan gemiddeld, zelfs op hetzelfde schoolniveau. De rijksten maken veel meer gebruik van bijles. Maar dan nemen de armsten er iets meer hun toevlucht toe dan de middenklasse. Dit kan worden gezien als een weerspiegeling van de bezorgdheid van gezinnen die slecht zijn toegerust om met de schoolproblemen van hun kinderen om te gaan en het vaker voorkomen van problemen. Het idee van bijles voorbehouden aan de rijken is daarom onjuist. Wat in de zesde klas geldt, geldt echter niet op alle niveaus. Bij middelbare scholieren en vooral bij coaching is de invloed van het inkomen essentieel.

Het belastingvoordeel is niet unaniem. Door een wijziging van de financieringswet 2010 was het verdwenen. Het werd later hersteld, onder druk van de regering. Eenmaal aan de macht heeft links, dat tegen het herstel van het belastingvoordeel had gestemd, het tot nu toe niet in twijfel getrokken. Schoolondersteuning profiteerde ook van forfaitaire sociale zekerheidsbijdragen, gedeclareerd alsof de werknemer het minimumloon ontving. Door het afschaffen van dit voordeel in 2013 zijn privélessen zo'n twee euro per uur duurder geworden.

Het argument van tegenstanders van het belastingvoordeel voor bijles is duidelijk: het kost 300 miljoen euro per jaar, voornamelijk ten voordele van de meest bevoorrechte en bijlesbedrijven. Wat de UMP-afgevaardigde Lionel Tardy in 2009 zei: "Het belastingkrediet, dat wil zeggen overheidsgeld, wordt hoofdzakelijk gebruikt om de winsten van deze particuliere bedrijven op te blazen. Deze fiscale steun leidde niet tot prijsverlagingen voor gezinnen of tot een aanbod van hoge kwaliteit [8]. Het argument van de voorstanders van dit voordeel wordt ook begrepen: het gaat erom deze activiteit te professionaliseren en uit de illegaliteit te halen, ten voordele van de Sociale Zekerheid. Ze wijzen er ook op dat de geïnde inkomsten uit socialezekerheidsbijdragen de kost van het belastingvoordeel deels compenseren. Al met al dacht ik dat ik kon aantonen dat de door de staat gecreëerde fiscale maas in de wet een bijlesmarkt voor de meest bevoorrechte mensen tot bloei had gebracht. De werkelijkheid is veel genuanceerder.

Rechten en Wetenschappen Po speelt verstoppertje met de particuliere sector

Studiebegeleiding vindt ook plaats na het baccalaureaat. Het model van medische studies, gepresenteerd in de inleiding, heeft zich verspreid naar andere gebieden. Veel particuliere bedrijven bieden cursussen, stages en proefexamens in de rechten aan, naast de cursussen die door de universiteit worden verzorgd. Net als in de geneeskunde zijn deze preparaten aangepast aan de specifieke kenmerken van elke universiteit. De nadruk wordt vaak gelegd op de meest gerenommeerde en selectieve universiteiten, zoals Paris-II en Aix-en-Provence. Net als in de geneeskunde beginnen advertenties voor deze voorbereidingen met het benadrukken van de student en zijn gezin ("72% van de studenten herhaalt hun eerste jaar"), voordat ze verschillende diensten verkopen.

Waarom de wet? Want het is, met medicijnen, het enige vakgebied waarin de universiteit niet (of weinig) wordt uitgedaagd door grote scholen. Het trekt daarom, in grotere aantallen dan andere cursussen, studenten met een rijke achtergrond aan die bereid zijn te investeren in hun studie. 36% van de rechtenstudenten heeft leidinggevende ouders, tegen bijvoorbeeld 25% van de economiestudenten. Er is dus een solvabele vraag. Bovendien hebben rechtsscholen dezelfde tekortkomingen als in de geneeskunde, zo niet erger: zeer zwakke studentenbegeleiding, zeer kort jaar, slecht verdeelde werkdruk, slecht georganiseerde examens, onmogelijkheid om vragen te stellen of terug te gaan naar een aspect van de cursus opent zich een echte boulevard voor bijles.

Het Paris Institute of Political Studies van zijn kant (beter bekend onder de merknaam Sciences Po Paris) rekruteert de meerderheid van zijn studenten na het baccalaureaat. Gezien de selectiviteit van het vergelijkend onderzoek (de meeste kandidaten zijn goede studenten, maar slechts één op de tien wordt toegelaten), hebben zich in de loop der jaren voorbereidende cursussen, zowel openbaar als privé, ontwikkeld. Sciences Po betreurde deze ontwikkeling, omdat steeds meer kandidaten een voorbereidend jaar volgden alvorens het voorbereidend jaar van Sciences Po in te gaan, grotendeels gewijd aan de basis- en methodeconferenties. Uiteindelijk besliste het instituut in 2010 om de wedstrijd te reserveren voor de baccalaureaathouders van het jaar, om deze doorgang in de voorbereiding te vermijden [9].

Aangezien de competitie in september plaatsvindt, bieden de prépas ook zomerstages aan. Sciences Po heeft daarom de wedstrijd uitgesteld naar juni... en de voorbereidende studenten hebben stageplaatsen aangeboden tijdens de korte vakanties. Ten slotte werd de wedstrijd in 2013 vervroegd naar maart van het laatste jaar, wat de oriëntatieprocedures vergemakkelijkt en de voorbereidende cursussen zijn nu gericht op eerstejaarsstudenten, zonder de stages en cursussen tijdens het laatste jaar te verwaarlozen. Ongeacht de datum van de wedstrijd, aangezien er vraag is, zal er een aanbod zijn.

Omdat de voorbereiding op wedstrijden het meest dynamische gebied van bijles is. Een gespecialiseerde instantie als IPESUP heeft haar aanbod flink uitgebreid. Het bereidt zich voor op het hoger diploma in algemene accountancy (DSCG), dat vervolgens leidt tot registeraccountancy, parallelle toelatingsexamens voor business schools, toelatingsexamens voor Sciences Po, zowel op bachelorniveau als op masterniveau, toelatingsexamens voor ENA (National School of Administration) en regionale administratieve instituten, CELSA (School of Advanced Studies in Information and Communication Sciences) en journalistieke scholen, toelatingsexamens voor technische scholen, business schools en post-baccalaureaat technische scholen. Ik vergeet er zeker een paar. ISTH voegt de Ecole du Louvre en een tiental administratieve competities toe. Zonder minachting voor deze ambtenarenorganen te willen lijken, moet worden bedacht dat een belastinginspecteur zijn carrière begint rond de 1.450 euro netto per maand inclusief bonussen en een verpleeghulp rond het minimumloon. Dat er voor deze wedstrijden betaalde privé-voorbereidingen zijn, bewijst dat niemand aan het fenomeen ontkomt, mits het leidt tot werkgelegenheid.

Het is natuurlijk omdat er vraag is, aangewakkerd door de zeer hoge werkloosheid, dat het aanbod gedijt. Maar aanbod creëert ook vraag. Zoals we hebben gezien in verband met geneeskunde, is het belangrijkste in een wedstrijd om zo goed mogelijk voorbereid te zijn. Het feit dat sommige kandidaten hun toevlucht nemen tot aanvullende privé-voorbereiding, dwingt de anderen bijna om in de pas te lopen.

In welke sector is het in Frankrijk mogelijk om na je studie een start-up op te richten en vijf jaar later een omzet van twee miljoen euro te behalen? Ter voorbereiding op wedstrijden. Cap enseignement supérieur, opgericht door twee afgestudeerden van de business school, is een mooie illustratie van een schot in de roos. De organisatie biedt educatieve kosten- en auditcursussen voor thuis voorafgaand aan de selectietests aan het ontwerpen van scholen, business colleges, Sciences Po, enzovoort.

Een van de problemen is het opsporen van coaches met geavanceerde capaciteiten en onopvallende vergoedingsveronderstellingen. Cap enseignement supérieur neemt vervolgens studenten aan die hun handels- of ontwerpopleiding afronden, en biedt hen een hogere vergoeding dan normaal op de markt (30 euro netto per uur voor huisillustraties). Deze jongeren die nog niet zijn afgestudeerd, hebben vaak geld nodig (vooral op de business college!) en realiseren de wedstrijden goed. Volgens de understudies zijn ze houdbaar.

De cursussen kosten ongeveer 60 euro per uur, een te verdelen uitgave dankzij de belastingverlaging. De cursussen worden als weelderig geïntroduceerd: de correctieplek die toegankelijk is gemaakt voor de studenten is perfect aangepast aan deze vitale periode: het kasteel van Méridon, een negentiende-eeuws paleis in een park van zeven hectare, in het hart van het bos van Chevreuse. . Studenten profiteren van "mentale paraatheid in het licht van de basis van grondwerk voor aanzienlijke rivaliteit op niveau. Dit actieplan is duidelijk effectief.

Internet: helpen of bedriegen?

Veel studenten willen graag dat iemand hun huiswerk voor hen maakt. Het is niet erg moreel, maar het is menselijk. Maar het mooie van de markteconomie ligt in het feit dat wanneer er vraag is, het aanbod niet lang op zich laat wachten. Het ontstond in 2009, online, onder de expliciete naam fairemesdevoirs.com. Deze site, gelanceerd door een afgestudeerde aan een business school, werd door de oprichter gepresenteerd als de verkoop van "strategisch advies" en bood aan om alle soorten huiswerk te maken, van universiteit tot hoger onderwijs, in zeven verschillende disciplines. De student tikte de titel in of scande het onderwerp en ontving de opdracht een tot drie dagen later. De truc van de site zat hem vooral in de betaalwijze: met een toeslag voor sms en audiotel konden jonge, zelfs zeer jonge mensen, zonder bankkaart, een opdracht kopen zonder hun ouders hiervan op de hoogte te stellen. [10] » [sic]. Het team "wil ervoor zorgen dat toekomstige generaties beter zijn dan voorgaande, en fairemesdevoirs.com zal hier niets aan kunnen bijdragen". Einde van het avontuur voor de bekwame ondernemer, die zijn talenten op andere gebieden is gaan uitoefenen.

Behalve dat, in de grootste discretie, later andere sites van hetzelfde type zijn gemaakt. Expertdevoirs.com biedt bijvoorbeeld aan om elk type opdracht te doen, in verschillende onderwerpen, van essays tot vertalingen, voor het bescheiden bedrag van 18,99 euro per pagina. Studenten en docenten werken samen en geven de antwoorden. De studenten van François Quesnay zijn natuurlijk ideale klanten. Sterker nog... Verrast door de kwaliteit van bepaalde huiswerkopdrachten, investeerde een filosofiedocent in de aanschaf van een essay over het onderwerp dat ze aan haar studenten had gegeven. Wel vermeldt de site de namen van mensen die hetzelfde vak hebben aangeschaft: zijn studenten. Sfeer gegarandeerd op de dag van aflevering van de exemplaren...

Nog verrassender is dat de officiële site die jobservices beheert, vacatures doorgeeft van de femontaf.com-site (we zullen de subtiliteit van deze domeinnaam waarderen). Leerkrachten worden met name uitgenodigd om huiswerk te maken, waarbij de vergoeding afhangt van het cijfer dat de student heeft behaald (www.emploi.services.fr/faismes-devoirs-femontaf). Tussen de morele publieke sector en werkgelegenheidsondersteuning zijn de overheidsdiensten duidelijk een beetje verloren.

Een iets andere formule is de verkoop van voltooide opdrachten, die worden samengevoegd tot een bibliotheek van essays, leesbladen, presentaties en dissertaties die worden doorverkocht aan andere studenten. Het is vooral gericht op het hoger onderwijs. Sites zoals oboulo.com, AcaDemon.fr of touslesdocs.com kopen huiswerk, waarbij leveranciers 50% ontvangen van de omzet die wordt gegenereerd door de verkoop van hun huiswerk. Zo wordt op AcaDemon een presentatie over "opkomende landen" 5,95 euro aangerekend (gegarandeerd zonder plagiaat!), een TPE [11] over "De studie van elektromagnetische straling van de Wimshurst-machine", 8,95 euro. Er zijn masterscripties in de rechten, maar ook analyses van literaire werken of auditrapporten van bedrijven van een veertigtal pagina's.

Deze sites geven een verfoeilijk signaal af aan scholieren en studenten: alles is te koop, spieken is geen probleem. De studenten begrepen ook meteen de nieuwe spelregels en wisselen advies uit op online fora: "Wie heeft er al verkocht op zo'n site? ", "Ik heb een memoires en veel leesbladen om te verkopen: waar verdien ik het meeste geld? ", enz . Deze praktijk vormt een ernstig probleem van eerlijkheid bij de beoordeling van studenten. Veel instellingen hebben software gekocht om plagiaat op te sporen. In veel universiteiten bewijst het analyserapport dat het aandeel van leningen minder is dan 10% of 15% van de tekst moet vóór de verdediging aan het proefschrift worden gehecht.

Deze programma's zijn echter geen wondermiddel. Zeker, ze vergelijken de tekst met wat beschikbaar is op internet en in de database van de instelling. Maar het blijft vrij eenvoudig om ze te misleiden, bijvoorbeeld door spaties te vervangen door spaties uit andere lettertypen of bepaalde strategische woorden door synoniemen. Ten slotte werkt de software maar in één taal. Het is dus altijd mogelijk om een in een andere taal geschreven opdracht te krijgen en door de computer te laten vertalen (door de vertaling achteraf zeer serieus te controleren!). In het digitale tijdperk gaat het huiswerkverkeer een mooie toekomst tegemoet.

De mogelijkheden om hulpmiddelen te kopen om te slagen op school zijn daarom eindeloos. Natuurlijk veranderen privélessen de middelmatige en luie student niet in een competitief dier. Maar deze ondersteuningen kunnen het verschil maken, vooral wanneer een paar tienden van een punt succes van mislukking scheiden. Hun proliferatie onthult de tekortkomingen van openbare scholen, de vindingrijkheid van particulier initiatief en de verergering van de schoolconcurrentie.

Ouders zijn gevangenen van deze helse logica: hoe zouden ze hun kinderen deze hulp kunnen weigeren als ze de middelen hebben om ze die te bieden? Zodra de cheque was ondertekend, deden ze wat ze konden, gebruikten ze hun bevoorrechte financiële positie om hun kinderen te helpen. Dat is begrijpelijk en kunnen we ze natuurlijk niet kwalijk nemen. Ze zijn des te meer bereid om dit te doen, aangezien de massificatie van middelbare scholen het voordeel heeft verminderd dat kinderen met een bevoorrechte achtergrond in het verleden genoten.

Er blijft de overgrote meerderheid over, degenen die met de beste wil van de wereld deze cursussen en deze aanvullende cursussen, waar hun kinderen niet eens om zouden durven vragen, niet kunnen financieren.

Hoofdstuk 3 Aantekeningen

1. Acadomia-advertentie, campagne 2013.

2. XERFI, "De ondersteuning van de marktschool", 2011.

3. John Paul C.AIL, "Privélessen in het eerste jaar van de middelbare school: een op de tien zesdeklassers krijgt betaalde bijles", Éducation & Formations, n°79, 2010.

4. CAS, Analysenota, niet n°315, januari 2013.

5. SCOLARAMA, "Hoe hem te helpen slagen op de kleuterschool".

6. Michael HAJDENBERG, "Schoolkaart: "Ik moest kiezen tussen mijn kind en mijn principes"",

Mediapart, 5 juli 2014.

7. Anne-Claudine OLLER, "Schoolcoaching in Frankrijk. Opkomst van een nieuwe onderwijsmarkt",

Vergelijkend onderwijs, niet n°6, 2011, p. 181-202.

8. Interventie voor de Nationale Assemblee, 13 november 2009.

9. Toegang tot bac + 1 blijft mogelijk in de meeste provinciale Wetenschappen Po. De wijziging waartoe het IEP van Parijs had besloten, stelde ook bepaalde openbare hypokhâgnes teleur, die vochten tegen de

uitholling van het personeelsbestand door voorbereidingen te treffen voor Sciences Po.

10. "Faimesdevoirs.com sluit al zijn deuren", *Release*, 7 maart 2009.

11. Begeleid persoonlijk werk, proeftelling voor het baccalaureaat, bestaande uit een productie en een mondelinge verdediging.

4

De ontdekking van de wereld

"Sinds 1987 zijn er waarschijnlijk een miljoen baby's geboren uit Erasmus-paren [1].»

P waarom halen zo veel leerlingen met moeilijkheden in geschiedenis of wiskunde een eervol averij gemiddelde bij François Quesnay? Omdat ze goed zijn in talen. En ze zijn goed in talen omdat hun families het goed hebben.

Daniël probeert indruk op me te maken door een moeizaam gesprek in het Engels aan te knopen met zijn vijfjarige zoontje. Toen hij in voorbereiding was, had hij de beste scholen gemist vanwege Engels. En aangezien het bedrijf waar hij werkt werd gekocht door een Amerikaanse groep, lijdt hij het martelaarschap tijdens de vergaderingen. Dus begon hij Engels en besloot dat zijn kind tweetalig zou zijn. Deze zit momenteel op de kleuterschool van Beautiful Minds, een montessorischool in Courbevoie die ruïneus is voor zijn ouders, maar die werkelijk prachtig is. Daarna is het American College of Paris op zaterdag en taalcursussen tijdens de vakanties. Want het is niet op de school van de Republiek dat men Engels leert spreken. Het gemiddelde niveau is daar een van de slechtste van Europa en verslechtert.

In een geglobaliseerde economie wordt de kennis van moderne talen noodzakelijkerwijs belangrijker.

De taal van Shakespeare neemt vanuit dit oogpunt een bijzondere plaats in: de directievergaderingen van bepaalde grote Franse bedrijven vinden alleen plaats in het Engels, de taal die soms de taal is van de meerderheid van de aandeelhouders; Franse wetenschappelijke tijdschriften verschijnen in het Engels, omdat onderzoekers gelezen en geciteerd willen worden; cursussen op sommige scholen zijn in het Engels, om buitenlandse studenten aan te trekken en Franse studenten voor te bereiden op het bedrijfsleven. Buiten Frankrijk is Engels alomtegenwoordig, of het nu in de culturele sector, in het bedrijfsleven of in instellingen is.

internationaal . Gebruikt het Erasmus-programma, dat de verscheidenheid aan taaluitwisselingen moet vergroten, niet in tweederde van de gevallen Engels als werktaal? Het enige gebied dat weerstand biedt, is de Franse universiteit.

De Toubon-wet van 1994 verbood cursussen Engels in openbare en particuliere instellingen, behalve wanneer de spreker een buitenlander was. Ze werd niet altijd gerespecteerd. Het effect ervan was beperkt in business schools, waarvan de leraren meestal buitenlands zijn (twee derde, in het geval van HEC – École des Hautes Etudes Commerciales), of in technische scholen (in Centrale Paris wordt 25% wetenschappelijke en technische cursussen in het Engels gegeven). De aankondiging van de schrapping van deze bepaling in de wet van 2013 veroorzaakte echter een golf van protest, in naam van de verdediging van de Franse taal. De Franse Academie protesteerde, verschillende gerenommeerde academici publiceerden fora in de pers. Eens te meer is de kloof tussen zakelijk Frankrijk en academisch Frankrijk onthuld. Omkaderd door parlementaire amendementen wordt de maatregel alsnog aangenomen. Het is nu legaal om les te geven in een vreemde taal in het hoger onderwijs in Frankrijk. Het is waarschijnlijk dat deze mogelijkheid vooral zal worden gebruikt ten behoeve van het Engels.

Deze ontwikkeling versterkt het karakterstrategische niveau van Engelse taalvaardigheid, dat aan belang heeft gewonnen bij examens en wedstrijden. Het niveau van het Engels wordt onderworpen aan gestandaardiseerde beoordelingen, voornamelijk de TOEIC (Test of English for International Communication), de TOEFL (Test of English as a Foreign Language) en de IELTS (International English Language Testing System), die veeleisender zijn. Technische scholen leggen nu een minimum TOEIC-niveau op (meestal een score van 750). Bij de toelatingsexamens voor technische scholen is het gewicht van het Engels niet te verwaarlozen: het weegt voor ongeveer 11% bij Polytechnique, evenals bij Centrale of bij Mines. Voor business schools is het iets meer: ongeveer 13%, afhankelijk van de paden en competities, gesanctioneerd door een schriftelijke en een mondelinge. In feite is Engels overal, ook in wedstrijden voor verpleegsters, sinds 2009, en voor onderwijzers, sinds 2006, ook al kan het worden vervangen door een andere levende taal.

De Engelse test is de meest sociaal discriminerende in wervingswedstrijden voor business schools. Zo ver dat Valérie Pécresse, toenmalig minister van

Hoger Onderwijs, ontvanger van een rapport van de algemene inspectie over sociale discriminatie bij wedstrijden, had ingeschat dat het nodig zou zijn om het gewicht te verminderen [2] en verander de aard van de test. Bij de ENA, waar het eindklassement doorslaggevend blijft, speelt de taaltoets een essentiële rol. En er is een sterk verband tussen de taalscore en het sociale begin. Zoals een enarque toegeeft: "Dialecten zijn een belangrijke hulpbron om effect te hebben op ENA, en het is duidelijk dat de verschillende fonetische verblijven die mijn familie me sinds mijn vroegste jeugd heeft aangeboden enorm hebben gespeeld[3]. »

Volgens een onderzoek door de Europese Commissie is 66% van de Europese bazen op expertniveau van mening dat vaardigheid in onbekende dialecten een belangrijke of essentiële regel is voor het aannemen van afgestudeerden. Onder hen zijn de Fransen het meest ontevreden over de taalvaardigheid van hun rekruten[4]. Volgens een concentraat van een inschrijvingsbureau test slechts 15% van de HR - chefs nieuwkomers niet op hun Engelse vaardigheden en de meeste doen dat wel vanaf de hoofdvergadering. Vertegenwoordigers zijn op de hoogte van deze tekortkomingen. Engels is ook de meest populaire specialiteit in professionele voorbereiding, voor zelfverbetering en IT.

Wij zijn de domkoppen

Vrijwel alle studenten leren Engels in Frankrijk. Op de basisschool studeerde in 2000 76% van de leerlingen Engels; vandaag zijn ze 93%, ten nadele van het Duits. Op de universiteit wordt Engels, ook al is het niet verplicht, door 95% van de leerlingen als eerste vreemde taal gekozen en degenen die een andere taal kiezen (voornamelijk Duits) nemen Engels als tweede taal.

Maar het belang van deze les wordt niet weerspiegeld in de gebruikte middelen. In de jaren 2000 werden de moderne taallessen op middelbare scholen verkort en de prestaties van Franse schoolkinderen in talen zijn slecht. In 2011 werd voor het eerst een internationale beoordeling van taalvaardigheid in Europese landen uitgevoerd. Vijftigduizend leerlingen werden aan het einde van de negende klas of het equivalent daarvan getest op drie vaardigheden in de eerste of tweede moderne taal. In Frankrijk waren de beoordeelde talen Engels en Spaans. De resultaten van deze vergelijkende studie zijn leerzaam: voor de drie beoordeelde vaardigheden ligt het niveau Frans ver onder het gemiddelde van de dertien geteste landen. [5] . Het Franse systeem wordt meestal bekritiseerd omdat het niet genoeg ruimte geeft aan het gesproken woord en prioriteit geeft aan grammatica. Het is inderdaad in schriftelijke uitdrukking dat het niveau het minst slecht is. Maar het blijft aanzienlijk lager dan dat van andere Europeanen. De kloof wordt groter wanneer we overgaan op begrijpend lezen en wordt hopeloos in mondeling begrip, minder dan 15% van de leerlingen heeft een bevredigend niveau.

De officiële instructies van 2008 specificeren dat "leerlingen aan het einde van CM2 de vaardigheden moeten hebben verworven die nodig zijn voor elementaire communicatie gedefinieerd door niveau A1". Het ministerie stelt daarom als doel aan het einde van de basisschool een niveau vast dat nog steeds niet is bereikt door ongeveer 40% van de middelbare scholieren aan het einde van het derde jaar, in navolging van de gewoonte om doelen te stellen zonder zich zorgen te maken over hun realisme. Wat betreft de "gemeenschappelijke basis van vaardigheden" die verondersteld wordt het basisniveau vast te stellen dat vereist is voor elke student, deze wordt slechts bereikt door een kwart van de studenten, terwijl de anderen aan de voet van de basis blijven.

Nog een onderzoek [6] maakt een vergelijking mogelijk, in de tijd deze keer. Aan het einde van de negende klas werden leerlingen in 2004 en 2010 ondervraagd over verschillende vaardigheden. Vanwege de veralgemening van het leren van talen in CM1 en vervolgens naar de hele basisschool in de vroege jaren 2000, zou er aanzienlijke vooruitgang moeten zijn geboekt. Bij mondeling begrip zien we echter bijna het tegenovergestelde (we komen meer leerlingen tegen met moeilijkheden en minder goede leerlingen). Wat de beheersing van het schrijven betreft, is er weinig evolutie, maar de verschillen in niveau tussen de leerlingen in moeilijkheidsgraad en de besten nemen toe.

We gaan hier niet in op de oorzaken van deze slechte prestatie, die zeker niet alleen aan de school te wijten zijn. Zo speelt het feit dat Amerikaanse films en series in veel landen in hun originele versie worden uitgezonden een belangrijke rol. Maar er moet worden opgemerkt dat de kloof tussen de resultaten van openbare instellingen en die van particuliere instellingen groter is geworden, in het voordeel van laatstgenoemden . Dat komt vooral door het wegvallen van de taalvaardigheid in het voorrangsonderwijs. Als er echter één gebied is waarop het gemiddelde niveau van de school de voortgang van leerlingen beïnvloedt, dan is het wel talen, aangezien het onderwijs grotendeels gebaseerd is op discussies in de klas. De manier waarop het leren van Engels in het basisonderwijs is ingevoerd, verklaart deels de ongelijkheid in prestaties.

Ouders zijn zich er terdege van bewust dat taalonderwijs niet de gestelde doelen bereikt, en van het belang van taalvaardigheid. Vooral omdat volwassenen in hun professionele leven vaak te kampen hebben met hun eigen moeilijkheden om zich in het Engels uit te drukken en hun niveau onderschatten, zoals blijkt uit verschillende enquêtes. Ze zullen daarom buiten school zoeken naar middelen om hun kinderen een goed taalniveau bij te brengen, met name in het Engels.

Talen zijn gemakkelijker te leren als je jong bent, vooral de uitspraak. "Onze school biedt een tweetalige omgeving en biedt kinderen elke dag twee talen in elke klas", specificeert het presentatiedossier van Beautiful Minds, Montessorischolen die actief zijn in Courbevoie en Puteaux, in de regio Parijs. Ouders die vanaf het begin de best mogelijke opleiding in het Engels willen geven aan hun kinderen, wenden zich tot deze school, waar kinderen van twee tot zes jaar welkom zijn. Daniel is industrieel ingenieur. Hij verdient een behoorlijk inkomen, maar de investering is zwaar: 585 euro per maand gedurende twaalf maanden. Hij en zijn vrouw brachten dit offer omdat ze zich zwak voelen in het Engels en ervan overtuigd zijn dat het beheersen van deze taal een verschil kan maken voor hun kind. Zij zijn niet de enigen: een onderzoek naar bijles in het zesde leerjaar toont aan dat wanneer de ouders van zwakke of gemiddelde leerlingen bijles voor hun kind kopen, dat meestal in het Frans en wiskunde is. Maar de ouders van goede of excellente leerlingen investeren vooral in ondersteuning in het Engels [7], een materiaal dat alom wordt gezien als dé manier om het verschil te maken.

Beter nog, het is mogelijk om uw kind in te schrijven in een tweetalig college. Er zijn tien particuliere tweetalige hogescholen en middelbare scholen in Parijs, ongeveer twintig in totaal in de Parijse regio. Leren begint over het algemeen op de kleuterschool. Het zijn vaak niet-contractuele en dus dure instellingen.

Laten we de American School of Paris citeren, met adembenemende prijzen: het collegegeld bedraagt 30.000 euro per jaar op de middelbare school en de middelbare school, waar nog een eenmalig betaalde bijdrage van 10.380 euro voor het onderhoud van de campus aan moet worden toegevoegd. kind, initiële registratierechten van 1.070 euro en beveiligingskosten, geïnd sinds de aanslagen van 11 september 2001, van 700 euro. Deze uitzonderlijk hoge prijs voor Frankrijk is gekoppeld aan de faciliteiten, ruim en op het snijvlak van technologie, aan de diensten (sportfaciliteiten, voedsel naar keuze, meerdere artistieke activiteiten), ten voordele van een onderwijs dat het gebruik van Amerikaanse curricula volgt . . Het is echter mogelijk om vanaf de kleuterschool je Engels te verbeteren door een wekelijkse cursus te volgen voor 1.280 euro per jaar.

Natuurlijk hebben andere instellingen een meer bescheiden aanpak en lagere kosten, terwijl ze studenten een goede taalopleiding bieden. Een van de goedkoopste, de actieve tweetalige Jeanine Manuel-school in Parijs, kost bijvoorbeeld 1.800 euro per trimester, van het zesde tot het laatste jaar. Er is een supplement om te slagen voor het International Baccalaureate. Dat laatste is de moeite waard om even bij stil te staan. In tegenstelling tot wat de naam doet vermoeden, is het International Baccalaureate een particulier diploma, gecreëerd door een stichting. Om administratieve redenen niet altijd erkend in Frankrijk, maar toch toegang tot de Grandes Ecoles. Zeer origineel, het vereist de productie van een proefschrift, een kritische studie van wetenschappelijke productie en werk in verschillende talen. Momenteel bereiden wereldwijd

3.400 vestigingen zich voor, waaronder elf middelbare scholen in Frankrijk (particuliere instellingen van zeer goede kwaliteit, vaak erg duur). Er moet echter worden opgemerkt dat de enige openbare hogescholen die voorkomen onder de vijftig beste twee tweetalige instellingen zijn, die de studenten selecteren door middel van een examen in het geval van de Frans-Duitse hogeschool van Buc en in het bestand of op test bij de internationale college van Saint-Germain-en-Laye.

Waarom zijn Quesnay-studenten goed in talen? Ik heb het eenvoudigste antwoord weggelaten, waar een van mijn studenten me op een toon van bewijs aan herinnert:

— Al mijn vrienden van wie de ouders Engelssprekende au pairs hebben ingehuurd, zijn tweetalig . Au pairs zijn alleen verplicht om met kinderen in het Engels te praten en tegen de tijd dat ze acht of negen jaar oud zijn, doen ze het heel goed.

— Is dit jouw zaak, Laurence?

— Nee, antwoordt ze, een beetje verdrietig. Mijn moeder nam Afrikanen mee, een Colombiaan... en dat veranderde elke twee jaar.

Laurence wordt daarom benadeeld door het Derde Wereld-tropisme van haar familie. Laten we de lezer toch geruststellen: deze studente, die ook schattig is, spreekt uitstekend Engels, dat ze momenteel aan het perfectioneren is in Canada.

Een au pair, zoals in de romans van vroeger. Hij tenslotte

" voldoende " om een vrije kamer te hebben in haar appartement, gelegen in een grote universiteitsstad, om een extra mond te voeden en om de student minimaal 80 euro zakgeld per week te bezorgen. We zijn natuurlijk ver verwijderd van de middelen die de National Education ter beschikking stelt aan leerlingen: twee of drie uur les per week worden besteed aan de studie van elke taal, waarvan een deel met Engelse moedertaalassistenten, die converseren met vijftien studenten .

Schoolreisjes die in het kader van het etablissement worden ondernomen, kunnen een bescheiden toeslag opleveren. Ze kunnen tijdens de schooltijd nauwelijks langer dan een paar dagen duren, maar lopen soms wel twee weken op en lopen over in de vakanties. Sinds enkele jaren stuit de organisatie van deze reizen op kieskeurige rechtsregels inzake financiering. Taaldocenten klagen ook dat het harde werk van voorbereiding en begeleiding van deze reizen op geen enkele manier wordt erkend. Integendeel, ze worden er door hun collega's van beschuldigd de voortgang van de lessen te verstoren. Alles spant dan ook samen om ervoor te zorgen dat deze reizen uitzonderingen blijven. Ze kunnen hooguit een voorproefje geven van de cultuur van het bezochte land.

Cursussen en taalverblijven in overvloed

Maak een wandeling in Londen of neem in juli de Eurostar om te zien dat taalreizen naar Engeland bloeien. Ondanks de zeer lage lonen is het huisvesten van jonge Europeanen, vaak Fransen, ook een belangrijke bron van inkomsten voor veel gezinnen met een laag inkomen in de omgeving van Londen. Deze verblijven, ondergedompeld in een gezin of in een groep, blijven duur: men moet in het Verenigd Koninkrijk minimaal 1.500 euro rekenen voor twee weken, transport niet inbegrepen. Een verblijf van dezelfde duur in de Verenigde Staten kost al gauw 4.000 euro.

Zo'n investering is weggelegd voor gezinnen die de middelen hebben, maar ook het belang ervan inzien en weten hoe ze dit aan hun kinderen moeten overbrengen. Als ze jong zijn, zijn ze het er nauwelijks mee eens om alleen te gaan. Om ouders te helpen hen te overtuigen, is de "English + sport" of "English

+ avontuur" worden aangeboden door gespecialiseerde organisaties, wat de kosten van de cursus verhoogt en de effectiviteit vermindert. Het zijn vooral de meest kansrijke gezinnen die hun kind naar onderdompeling sturen, de meest effectieve formule. Perfect Engels spreken is voor hen een noodzaak; de middelen om dit te bereiken staan niet ter discussie. Omdat Engels een vak apart is. Drie weken met een gezin is evenveel waard, of zelfs meer waard dan een cursus van een jaar. We zijn het erover eens dat een dergelijk resultaat zeer moeilijk te reproduceren zou zijn in wiskunde of aardrijkskunde. Het is dan ook niet verwonderlijk dat taalverblijven de verschillen in Engelse taalvaardigheid onder jongeren aanzienlijk vergroten, ten voordele van de meest bevoordeelden.

Natuurlijk is het nog effectiever om in een Angelsaksisch land te wonen en onderwijs te volgen. Het meest voorkomende geval is dat van leerlingen van wie de ouders om professionele redenen voor een paar jaar in het buitenland zijn geweest. Het zijn meestal leidinggevenden (zeven van de tien expats) of bedrijfsleiders. Expat betreft vooral jonge werknemers, zeker als we rekening houden met internationaal vrijwilligerswerk in bedrijven, voorbehouden aan mensen onder de 20 jaar.

acht jaar. Het is daarom niet ongebruikelijk dat expats hun echtgenoot in het buitenland ontmoeten, wat kinderen 'produceert' die vaak tweetalig en bicultureel zijn. Op een middelbare school als François Quesnay worden we ook getroffen door het hoge aantal tweetalige leerlingen, omdat een van hun ouders een buitenlander is of omdat ze deels in het buitenland zijn opgegroeid, meestal in een Engelssprekend land. Volgens de studie die regelmatig wordt uitgevoerd door het expatportaal van Mondissimo (www.mondissimo.com), heeft 56% van de expats de persoon ontmoet met wie ze samenwonen tijdens hun expat. Het toeval doet het dus goed, wat de mate van internationalisering van de elites en het concurrentievoordeel dat ze daaruit halen, vergroot. Zoals Gérard Manset zingt: "Ze zeggen dat liefde blind is, maar je moet geloven dat ze ziet. »

Beheersing van moderne talen, met name Engels, is daarom een essentiële factor bij discriminatie op grond van sociale achtergrond en geld. Kinderen met een bevoorrechte achtergrond zijn beter in het Engels, dankzij de voordelen die hun familie hen geeft om beter te worden in dit vak. In een context waarin National Education moeite heeft om taalopleidingen te geven, waar vaardigheid in het Engels steeds belangrijker wordt bij schoolkeuze en voor toegang tot werk, neemt de impact van dit voordeel voortdurend toe.

Tijdens een interview met de moeder van een leerling vertrouwde ze me toe dat haar dochter tussen de negende en de tweede een jaar vrij nam in Schotland, omdat het een familietraditie is: haar vader, haar oom, haar grote zus deden hetzelfde en iedereen deed hetzelfde goed. "Het is heel lonend", voegt ze eraan toe. Als ik naar hem luister, kan ik niet anders dan aan Bourdieu denken. Cultureel kapitaal, schrijft de socioloog, "kost tijd en tijd die persoonlijk geïnvesteerd moet worden [8]". In welke sociale omgeving zullen we in feite afspreken om de schooltijd met een jaar te verlengen om er beter gewapend uit te komen, want al open voor de uitgestrekte wereld?

Tijdens mijn eerste jaar op Lycée François Quesnay heb ik meer aanvragen ingevuld voor toelating tot het hoger onderwijs in Canada, de Verenigde Staten of het Verenigd Koninkrijk dan gedurende de rest van mijn carrière. Ik ben een specialist geworden in

UCAS (Universities and Colleges Admissions Service), ik weet ongeveer welke studenten waarschijnlijk naar HEC Montreal of Warwick Business School zullen worden gebracht en ik schrijf aanbevelingsbrieven in de stijl van het land, waarin ik de diepe toewijding prijs ("grote betrokkenheid") en de uitmuntende academische prestaties ("uitzonderlijke academische prestaties") van mijn goede studenten, want overdrijving is de regel in Angelsaksische aanbevelingsbrieven. Over het algemeen moedig ik ze aan om het avontuur aan te gaan wanneer ze erover nadenken, omdat ze bij terugkeer nog steeds het masterdiploma kunnen behalen dat ze missen als hun Angelsaksische diploma niet voldoende is, en ze zullen een duidelijk voordeel hebben in taal , in het beheer van interculturele relaties en zullen hebben geleerd om rond te komen in contexten die ver verwijderd zijn van de zeer beschermde omgeving waarin ze zijn opgegroeid. Deze overtuiging werd bevestigd toen sommigen na een jaar in het buitenland bij mij terugkwamen: volwassener, zelfverzekerder, ze vonden wie ze waren en wat ze wilden worden. Een kwart van de Franse productie wordt buiten de landsgrenzen afgezet. Omgekeerd kopen we een kwart van wat we verbruiken in het buitenland. Bedrijven die in het buitenland zijn opgericht of worden overgenomen door buitenlandse bedrijven. Wetenschappelijke congressen zijn bijna allemaal internationaal. De helft van onze wetten komt voort uit Europese richtlijnen, aangenomen na lange onderhandelingen... in het Engels. Elk jaar komen er tachtig miljoen buitenlandse toeristen naar Frankrijk.

Onze activiteiten, ons beroep, onze toekomst zijn dan ook onlosmakelijk verbonden met de rest van de wereld.

Deze is divers. Het idee van een verenigde wereldmaatschappij is onjuist, ook al lijken de grote hoofdsteden, gezien door luchthavens, luxe winkels en hotels, op elkaar. Elk land behoudt zijn cultuur, zijn tradities, zijn sociale systeem. Kennis, niet alleen van de taal, maar ook van het buitenland is daarom in een groeiend aantal beroepen belangrijk en zal dat altijd blijven. Deze kennis kan echter alleen worden opgedaan door erheen te gaan.

Geglobaliseerde scholen en Erasmus schieten te hulp

De eersten die dit hebben begrepen zijn de business schools. Minstens één stage in het buitenland – twee in sommige scholen – is nodig om je diploma te valideren. Het is bijna altijd mogelijk om een volledig studiejaar op een partnerschool te volgen, of zelfs een tussenjaar in het buitenland. Scholen breiden inderdaad partnerschappen uit met scholen in andere landen om deze uitwisselingen en het behalen van dubbele diploma's te vergemakkelijken. HEC reikt daarmee zeventien dubbele graden uit, waarvan negen in samenwerking met buitenlandse vestigingen. Deze dubbele diploma's verrijken het curriculum vitae van studenten en bewijzen dat ze zich kunnen aanpassen aan een vreemde omgeving.

De scholen concurreren ook in dit opzicht op vrijwilligheid : elk bevestigt dat het internationale zijn kracht, zijn specificiteit, zijn identiteit, zijn "DNA" is. De grotere hebben vaak campussen in het buitenland geopend. ESSEC (Higher School of Economics and Business) is aanwezig in Singapore; ESCP Europe is actief op vijf campussen (Parijs, Londen, Berlijn, Turijn en Madrid); EM Lyon heeft zich gevestigd in Shanghai, EDHEC (Ecole des Hautes Etudes Commerciales) in Londen en Singapore, enz.

Technische scholen volgden niet zonder enige vertraging, maar soms met enthousiasme. Centrale Paris heeft een campus geopend in Beijing, waar in zes jaar tijd drietalige ingenieurs worden opgeleid, een campus in Hyderabad (India) en binnenkort opent een École Centrale Casablanca haar deuren. Een stage van een semester in het buitenland is verplicht en alle studenten leren minstens twee talen. Aan École Polytechnique verblijft 85% van de studenten in het buitenland (gemiddeld negen maanden) en bijna de helft brengt het hele vierde jaar door aan een buitenlandse universiteit.

Ook de IEP's (Institutes of Political Studies) en de katholieke instituten zijn geïnternationaliseerd: verplichte stage in het buitenland, dubbele diploma's, samenwerkingsverbanden. Sciences Po Paris heeft op dit gebied een voortrekkersrol gespeeld. Wanneer de overgang van drie naar vijf jaar onderwijs onvermijdelijk is geworden. Bij de start van het schooljaar 2000 werd een jaar in het buitenland ingevoerd (waardoor ook de beperkte opvangcapaciteit van de Sint-Guillaumestraat kon worden uitgebreid).

Het is ook mogelijk om de wereld naar je toe te laten komen. In business schools bevordert de invloed van buitenlandse studenten de aanpassing aan andere culturen. Zo zijn 12% van de studenten in Frankrijk, maar 20% van de studenten in Grandes Ecoles, of 48.000 studenten, buitenlanders. Bij Sciences Po Paris bereikt het aandeel buitenlanders zelfs 42%. Een deel van de cursussen wordt in het Engels gegeven, zowel om deze buitenlandse studenten te kunnen huisvesten als omdat sommige docenten, wanneer dat niet in de meerderheid is, dat wel zijn. Blijft de universiteit, nog weinig naar buiten gekeerd. Een heel interessante mogelijkheid bestaat al vijfentwintig jaar via Erasmus, ook toegankelijk voor studenten van de Grandes Ecoles of in STS (hogere technische sectie). Het programma is bedoeld om stages of studieperiodes in andere landen van de Europese Unie en, sinds 2014, buiten de EU te bevorderen. Elk jaar gaat het om iets meer dan 30.000 Franse studenten, die voornamelijk naar Spanje en het Unified Realm gaan. Een op de vijf doet daar een instapfunctie en vier op de vijf reviewen daar. Dit is duidelijk een onopvallend aantal: het betreft minder dan 1,3% van de studenten, een percentage dat vele malen lager is dan dat van studenten van de Grandes Ecoles die naar een ander land reizen. In de verwachting dat iedereen over het algemeen heel lang een understudy blijft, zal slechts één op de zeventien vertrekken, een semester of een jaar, binnen de structuur van Erasmus ... inclusief talloze understudy's van Grandes Ecoles. Het is duidelijk dat niet alle studenten op die manier gelijkwaardig zijn. Een ander verschil komt voort uit het profiel van studenten die slagen op grond van Erasmus. De gebruikelijke understudy is "een understudy in het derde jaar van een vierjarige hbo-opleiding in regelgeving of sociologie of geesteswetenschappen, met zoiets als een ouder die zich heeft geconcentreerd op hoger onderwijs en wiens familie enigszins rijk is", toont een nieuw onderzoek.9. Europese financiering betaalt een Erasmus-student een toelage van 100 tot 300 euro per maand (van 130 tot 350 euro per maand voor een tijdelijke baan). Het is nog steeds in de lucht door een gekozen raad van toezicht, specifiek volgens sociale regels. Hoe dan ook, rekening houdend met deze gidsen (in sterke neergang), wordt Erasmus door 55% van de onderzochte studenten als buitensporig duur beschouwd. Financiële vereisten zijn eveneens de belangrijkste verklaring om niet naar een ander land te reizen. De uitbreiding met 40% in het financiële plan van Erasmus+ voor de periode 2014-2020, toen het programma werd ondermijnd door financiële beperkingen, had invloed op het aantal toekenningen.

Ten slotte is het voor rijke studenten een winstgevende en aangename manier om hun vakantietijd te besteden aan een paar zomerweken in de Verenigde Staten om cursussen te volgen voordat ze met een Amerikaans diploma terugkeren naar Frankrijk. De zomerprogramma's laten het toe. Toegegeven, recruiters maken zich weinig illusies over de waarde van diploma's die na zo'n korte inwerkperiode worden uitgereikt. Ze helpen nog steeds om een cv in te vullen met een diploma van Stanford of Berkeley dat (bij wijze van spreken) tegen lage kosten is behaald en om een land te ontdekken. Ze zijn erg populair. Omgekeerd verwelkomen de Franse Grandes Ecoles in deze context veel buitenlandse studenten, omdat deze belangrijke bron van extra inkomsten de gebruiksduur van hun apparatuur verlengt.

Het grote (en kostbare) vertrek

Het aandeel middelbare scholieren dat naar het buitenland vertrekt voor hoger onderwijs is veel hoger in de chique buurten. In elke klas vervolgen drie of vier studenten hun opleiding elders, met name aan Britse en Canadese universiteiten, waarbij de laatstgenoemden over het algemeen het voordeel hebben dat studenten hun examens in het Frans kunnen afleggen in het eerste jaar, de tijd om te acclimatiseren. Anderen gaan naar de uitstekende Zwitserse hotelscholen. Prestigieuze Amerikaanse universiteiten komen in plaats daarvan in aanmerking voor een master- of postdoctorale opleiding. Een onderzoek uitgevoerd in 2013 door het IFOP (Frans Instituut voor Publieke Opinie) bevestigt dit: 77% van de studenten met ouders die leidinggevenden of intermediaire professionals zijn, vergeleken met gemiddeld 49%, is van plan om ten minste gedeeltelijk in het buitenland te studeren.

Weggaan, het is waar, is niet gemakkelijk. Je moet er op je achttiende rekening mee houden dat je alleen moet zijn, een vreemde taal moet spreken, ook tijdens examens, de codes van een andere cultuur onder de knie moet krijgen. Er is vastberadenheid en vertrouwen voor nodig, evenals de steun van zijn familie. Deze ingrediënten zijn, in navolging van de hogere middenklasse, gemakkelijker te vinden in bevoorrechte kringen. De wereld is altijd het speelterrein geweest van deze sociale groep. Neven aan de andere kant van de Atlantische Oceaan, het Kanaal of de Rijn zijn niet ongewoon. De aanwezigheid van buitenlandse kindermeisjes en au pairs zorgt voor een vroege beheersing van vreemde talen en vertrouwdheid met bepaalde culturen, met name de Angelsaksische cultuur. Secundaire studies worden soms in het buitenland gevolgd, in Zwitserse of Engelse colleges. De particuliere instellingen die de hogere middenklasse verwelkomden, zoals de École des Roches in Normandië, waren ook erg kosmopolitisch.

Dit model breidt zich geleidelijk uit naar de hogere middenklasse. De families daar hebben vaak uitgebreide ervaring met het buitenland, gecultiveerd tijdens taaluitwisselingen, stages of beroepsoverdrachten. Deze ervaring is over het algemeen positief en leidt ertoe dat ouders ontheemding in een gunstig daglicht stellen en het minder dramatiseren. In plaats van hun kinderen tegen te houden, uit angst voor het onbekende, voor afstand, om hen niet te kunnen helpen, wat in de meeste omgevingen de reflex is, moedigen ouders met een bevoorrechte achtergrond hen daarom aan om te vertrekken of, in ieder geval, dit vertrek te overwegen op een meer positieve manier. Als gevolg hiervan benaderen kinderen met een bevoorrechte achtergrond de ballingschap vaak met een zelfvertrouwen dat anderen niet hebben. Februari is de maand waarin derdejaars stages in het buitenland worden beslist bij Sciences Po en in business schools. Mijn oud-studenten die daar studeren, posten hun bestemming op Facebook: Tokio, New York, Delhi... niets schrikt hen af, vooral omdat ze daar vaak familiecontacten hebben, die ze niet per se zullen zoeken, maar die ze veiligstellen.

In de bij studenten populaire landen is het hoger onderwijs over het algemeen duurder dan in Frankrijk, waar het gratis model een zekere kracht behoudt en waar de mechanismen voor de financiering van betaalde studies daardoor onderontwikkeld zijn. De meerprijs moet echter worden beoordeeld in verband met een nagenoeg identieke bereiding. Leren bij HEC Montréal kost niet gegarandeerd meer dan een business college in Frankrijk, vanwege de huidige regelingen tussen Quebec en Frankrijk. Onderwijskosten aan de London School of Financial zijn 10.200 euro per jaar voor studenten, wat niet helemaal hetzelfde is als wat de BBA (single guy in business organisatie) en verschillende scholen met gecoördineerde planning kosten. Bovendien komen Franse studenten in aanmerking voor vergelijkbare beurzen als de Engelsen.

Aan de andere kant zijn wetenschappelijke experts, die een universeel waargenomen diploma in één jaar overbrengen, prijzig: meer dan 60.000 euro aan de London Business College, ergens tussen de 20.000 en 40.000 euro per jaar voor een software engineering-certificering aan het MIT (Massachusetts). Foundation of Innovation), 40.000 euro per jaar aan de Harvard Clinical School. Dit is meer dan de duurste bazen die door Franse scholen worden overgebracht. Zwitserse kostscholen zijn er ook voor studenten met een overvloed aan middelen: het kost 122.750 euro voor geruime tijd in Lausanne en 149.000 euro in Glion voor zeven semesters; nummers

" veelomvattend ", ongetwijfeld, maar die verwarrend blijven. De Franse reisbranche kan haar chefs rekruteren uit alumni van de Grandes Ecoles die een specialisatie in herberg hebben gevolgd, gepresenteerd door bijvoorbeeld EM Lyon. Als u door Zwitserland reist, heeft u dus het fundamentele voordeel dat u wegblijft van de keuze -interactie bij de ingang van de Grandes Ecoles, terwijl u een gerenommeerd certificaat krijgt. Bij het collegegeld moeten de kosten van levensonderhoud ter plaatse en die van reizen worden opgeteld. Financieringsmogelijkheden zijn over het algemeen groter dan in Frankrijk; scholen helpen hun leerlingen actief om hen te mobiliseren.

Let op: weten hoeveel een Franse school kost is soms een hindernisbaan. Je moet vaak een informatieblad invullen om een link toegestuurd te krijgen of een glanzende brochure met informatie over het collegegeld, of je moet zelfs rechtstreeks contact opnemen met de school. Integendeel, de meeste buitenlandse instellingen publiceren een nauwkeurig en volledig tariefoverzicht dat met één klik toegankelijk is voor alle cursussen. Dit weerspiegelt een veel meer ontspannen houding ten opzichte van de kosten van onderwijs in Angelsaksische landen of in Zwitserland.

Een winstgevende ervaring

Waarom weggaan? Het studieniveau in Frankrijk is goed, vooral in selectieve opleidingen. Van mijn studenten die een semester of een jaar in het buitenland hebben gestudeerd, vinden velen dat de cursussen in Frankrijk van een beter niveau zijn. Frankrijk staat ook erg goed op de ranglijst van de plaatsen om te studeren, vanwege de verscheidenheid aan opleidingen op hoog niveau en de goede mening van werkgevers over Franse diploma's. Bij het vergelijken van de steden waar je kunt studeren, plaatst het Britse onderzoeksbureau Quacquarelli Symonds Parijs op kop, vóór Londen en Boston - alsjeblieft! Lyon en Toulouse behoren ook tot de top vijftig steden ter wereld.

Toch kun je door naar het buitenland te gaan je taalvaardigheid verbeteren en integreren in de ietwat vreemde wereld van internationale scholen. Natuurlijk is deze wereld sterk Angelsaksisch, maar er zijn steeds meer Aziaten, vooral in het Verenigd Koninkrijk en Australië. Dit zijn vaak studenten die via kostscholen zijn gegaan. Ze hebben hun familie en soms hun land lang geleden verlaten, reizen tussen verschillende culturen en meten het belang van solidariteit tussen leeftijdsgenoten. Dit creëert een cultuur en een gemoedstoestand die heel anders zijn dan die van Franse scholen, vooral omdat Angelsaksische universiteiten veel ruimte laten voor individueel initiatief en verantwoordelijkheid.

Op masterniveau halen de Franse Grandes Ecoles veel inspiratie uit dit model. Terug in Frankrijk om zich voor te bereiden op hun masteropleiding, zal de student die een bacheloropleiding in een Angelsaksisch land heeft voltooid, vertrouwd zijn met deze kosmopolitische omgeving, de cursussen zonder enige moeite in het Engels volgen en gebruikmaken van het internationale netwerk dat ze zullen hebben opgebouwd. .

Degenen die hun hele opleiding in het buitenland hebben afgerond, hebben er vaak baat bij om hun carrière daar te beginnen. Veel bedrijven zijn in meerdere landen gevestigd, aangezien uitwisselingen tussen bedrijven die tot dezelfde multinationale groep behoren 40% van de wereldhandel vertegenwoordigen. De kwestie van intercultureel management komt zo centraal te staan; een dubbele oogst geeft een aanzienlijk voordeel.

Deze objectieve analyse moet worden aangevuld met ongrijpbare psychologische gegevens die mij erg hebben getroffen. Degenen die vertrekken, willen vaak ontsnappen aan een enigszins verstikkende familie- en sociale omgeving, op gemarkeerde plaatsen van een beperkte sociale groep. De open zeelucht transformeert ze op een altijd positieve en soms spectaculaire manier. Ik heb Amélie gevraagd om mijn informant te zijn over het leven op Engelse campussen, zoals ik haar oordeel vertrouw. Ik vind haar getransformeerd door haar jaar van ballingschap. Ze heeft een discrete stijl behouden, maar heeft een groot zelfvertrouwen verworven en projecteert zichzelf met grote vastberadenheid en verlangen naar de toekomst. Zijn wat aarzelende kant is helemaal verdwenen. Ze maakt indruk op me als ze me uitlegt dat ze het op zich heeft genomen om een lijst samen te stellen van Fransen die haar universiteit hebben gepasseerd en om ze bij elkaar te brengen,

Als je tijdens je studie naar het buitenland gaat, heb je ten slotte een concurrentievoordeel op de arbeidsmarkt, in ieder geval om toegang te krijgen tot geschoolde banen. In de uitvoerende functies van grote bedrijven is het voordeel aanzienlijk. Een echte onderdompeling, van meerdere jaren, geeft ook een veel betere toegang tot buitenlandse arbeidsmarkten. Studenten van Grandes Ecoles profiteren veel meer dan die van universiteiten. Dit voordeel is ook een functie van sociale achtergrond. Weggaan is duur: slechts een kleine minderheid van de bevolking kan dit soort onderwijs voor hun kinderen betalen. Je hebt een goed taalniveau nodig, waarvan we hebben gezien dat het sterk afhangt van de gezinsomgeving. Je moet ook het onbekende ingaan, wat veel gemakkelijker is als je eraan gewend bent, van kinds af aan, vakanties en taalverblijven in het buitenland en wanneer ouders vertrek aanmoedigen. Op alle gespecialiseerde sites wordt studeren in het buitenland voorgesteld als een investering; het is nog steeds noodzakelijk om de middelen te hebben om te investeren.

Hoofdstuk 4 Aantekeningen

1. VSEUROPESE COMMISSIE, september 2014 (persbericht).

2. Interview in L'Express, 28 september 2010.

3. Interview in Jean-Michel EYMERI, La Fabrique des énarques, Economica, Parijs, 2001, p. 189.

4. VSEUROPESE COMMISSIE, Werkgeversperceptie van de inzetbaarheid van afgestudeerden, Flash Eurobarometer, november 2010.

5. België, Bulgarije, Kroatië, Spanje, Estland, Frankrijk, Griekenland, Malta, Nederland, Polen, Portugal, Slovenië en Zweden ("SurveyLang-enquête", in Informatienota, nr. 12.11, Ministerie van Nationaal Onderwijs, juni 2012).

6. DEP, "Vaardigheden van studenten in het begrijpen van moderne vreemde talen aan het einde van de middelbare school", Informatienota, n oh 12.05, april 2012.

7. John Paul C.AIL, "Privélessen in het eerste jaar van de universiteit", loc. cit.

8. Peter BOURDIEU, "De drie staten van cultureel kapitaal", Proceedings of social science research, nr. º 30, 1979.

9. Annick BONNET, "Erasmusstudentenmobiliteit.

Bijdragen en limieten van bestaande studies", CIEP, maart -25-jaar-erasmus.pdf.

5

Na het baccalaureaat, TSF (alles behalve universiteit)!

"De voordelen van het behoren tot een groep vormen de basis van de solidariteit die ze mogelijk maakt.[1]. »

VS hoe volgt _ van de and udes superieur wie ik niet Bij a Nou ja , baan als je een kwetsbaar opleidingsniveau hebt? We zagen aan het begin van dit boek dat de omweg naar het buitenland het soms mogelijk maakte om de felle selectie die in bepaalde disciplines heerst te omzeilen, mits deze peperdure oplossing gefinancierd kon worden. Het blijft gemakkelijker om privéscholen te integreren, met hoge collegegelden, wat het aantal kandidaten en hun selectiviteit sterk beperkt.

Toen ik op een arbeidersschool werkte, hoorde ik nauwelijks van deze scholen. Sinds ik op Lycée Quesnay zat, heb ik gemerkt dat business schools met geïntegreerde voorbereiding, niet erg selectief, maar die in vier of vijf jaar leiden tot diploma's die goed worden ontvangen door werkgevers, de eerste uitlaatklep zijn voor ES-studenten. Het is zelfs een standaarduitlaatklep voor degenen die niet zeker weten wat ze willen doen. Op kleinere schaal is dezelfde trend waar te nemen in technische scholen.

De prestatie helpt, het onderwerp van de aanzienlijke kosten van deze scholen wordt nooit genoemd door de studenten. Vaak hebben ze geen idee van de kosten of denken zelfs dat hun ouders waarschijnlijk niet de mogelijkheid zullen hebben om de kosten ervan te dragen. Tijdens regiegesprekken ben ik het meestal die het onderwerp als eerste ter sprake brengt... vaak tot de ongelooflijke hulp van de voogden, voor wie het duidelijk een belangrijk onderdeel is, maar die niet eens zouden spelen met de mogelijkheid om ernaar te verwijzen, om niet lijken tegen de vooruitgang van hun kinderen in te gaan voor economie.

Overal op de hoogte, voogden aarzelen vaak om deze beslissing na te streven, omdat ze weten van het lage schoolniveau van deze scholen. Voor sterke studenten (de over het algemeen uitstekende studenten zijn niet enthousiast over deze scholen), moedig ik aan om je te concentreren op de beste scholen en om je voor te bereiden voor het geval ze niet in de beste worden opgenomen. Tegen gemiddelde studenten heb ik niets te zeggen, omdat geen enkele andere voorbereiding binnen hun komst hen zo'n goede toelating geeft om te werken als deze scholen, zelfs niet gepositioneerd aan de onderkant van de positie.

Welke leerlingen voor welke scholen?

Het is een mysterie: elk jaar stromen studenten met ernstige tekortkomingen, met name in schriftelijke en mondelinge uitdrukking, naar gerenommeerde scholen zoals ESSCA (Ecole Supérieure des Sciences Commerciales d'Angers), ESG (Graduate School of Management) of de BBA van ESSEC, ondanks nauwelijks het baccalaureaat hebben behaald. Ook dit jaar hadden de zwakste van mijn studenten die de ESG binnenkwamen een gemiddelde van 8,8 in het laatste jaar en 10,2 in het baccalaureaat. We kunnen zeggen dat dit examen een wandeling in het park is geworden, voor sommigen is het moeilijker te behalen dan het toelatingsexamen voor de school. De zeer serieuze gegevens die door L'Étudiant zijn gepubliceerd, tonen echter aan dat het gemiddelde in het baccalaureaat van de studenten van deze scholen vrij goed is: 12,77 voor ISTEC (Hogere School voor Handel en Marketing), 13, 25 voor IPAG (Algemeen Administratief Voorbereidingsinstituut), 13,37 voor EBS (European Business School), 13,7 voor ESSCA, 13,74 voor ESCE (Higher School of Foreign Trade) , 13,95 voor ESG, 14,56 voor IESEG (Institute of Scientific Economics and Management). Hoe het uit te leggen?

In 2010 had ik een lang gesprek met een student en zijn moeder. Hij wilde slagen voor het Access-examen om IESEG te integreren. Ze had liever gezien dat hij een voorbereiding had gedaan, waarvoor hij de middelen had. Het is duidelijk dat deze gediplomeerde moeder een vormende waarde hechtte aan de voorbereiding, aan de hoge normen, de nauwgezetheid ervan, aan de solide basis van de algemene cultuur die men daar opdoet. Met tegenzin stelde ze de vraag naar de kosten van een school in vijf jaar.

'Je hebt de middelen om te betalen,' zei zijn zoon rustig. "Maar je bent niet alleen. Er zijn ook je twee broers, 'herinnerde ze zich. Hij won zijn zaak en slaagde voor zijn wedstrijd. De rest van het verhaal? Ik zag mijn student onlangs in een winkel, waar hij schoenen verkocht, om zich bezig te houden voor een stage. Na een semester in Mumbai te hebben doorgebracht en een Indiaas diploma te hebben behaald, bereidde hij zich voor op een MBA in Peru. "Op die manier, vertelde hij me, heb ik een diploma in het Frans, een in het Engels en een in het Spaans. Hij had duidelijk zijn tijd niet verloren. Het zou zijn ouders iets minder hebben gekost als hij de voorbereidende school had doorlopen en waarschijnlijk een hogere school had gekregen. Hij had zichzelf twee jaar intensief werk en stress bespaard en het risico om zijn wedstrijden te missen, wat nog steeds bestaat. Hij wist dat hij was aangenomen voordat hij het baccalaureaat had gehaald en had daarom alle kans om zonder problemen naar de master te gaan. We kunnen een goede carrière voor hem voorspellen, maar waarschijnlijk minder goed dan wanneer hij naar HEC of ESCP Europe was gegaan.

Er zijn dus twee soorten studenten op particuliere post-baccalaureaatscholen: redelijk gemiddelde studenten, die na een voorbereidende cursus weinig kans hebben om naar school te gaan, en de grootste moeite hebben om een diploma economie en management te behalen. Ze kiezen standaard voor deze scholen. Anderen, van goed niveau, doen het voor comfort. Hoe slagen gemiddelde leerlingen erin om deze scholen te integreren? De eerste voorwaarde is dat je vijf jaar lang 8.000 tot 9.000 euro per jaar kunt betalen, daar komen nog verschillende kosten bij; dat wil zeggen een budget van 40.000 tot € 50.000. Deze voorwaarde elimineert de grote meerderheid van de leerlingen, de schoolselectiviteit van deze scholen is noodzakelijkerwijs zwak, als ze hun klassen willen vullen. Het is gemakkelijk om het te laten zien.

Scholen met geïntegreerde voorbereiding laten 20% tot 30% van de kandidaten die zich aanbieden, toe. Het is natuurlijk veel meer dan HEC, maar toch selectief, waar de scholen niet nalaten op te wijzen. Dit is echter slechts schijn. De meeste studenten melden zich aan bij meerdere scholen, des te gemakkelijker omdat de competities deels gemeenschappelijk zijn. Stel je voor dat aanvragers zich aanmelden bij gemiddeld vijf scholen en dat ze allemaal worden toegelaten tot een van hen. Elke school kon beweren 20% van de kandidaten te hebben toegelaten, zonder dat de vergelijkende onderzoeken moeilijk waren. De selectie neigt ook af te nemen als gevolg van de daling van het aantal sollicitanten. Het staat ook niet los van de sociale afkomst van de kandidaat. Laten we luisteren naar de getuigenis van Sarah, succesvolle kandidaat bij ESPEME (Higher School of Business Management in vier jaar, van de EDHEC-groep), afgeleverd aan een studieadviesbureau: "Ik was erg blij met mijn mondeling. De jury, bestaande uit twee vrouwen, was geboeid door wat ik zei, met name door mijn taalverblijf van twee en een halve maand in Melbourne, Australië. [2]. Het is eigenlijk interessanter dan de Engelse kust.

Dat deze vaak doorsneestudenten dan makkelijk een managementbaan vinden, is een tweede raadsel. Als zij geen hoger academisch niveau hebben dan dat van de universiteit, hoe verklaart u dan de relatieve voorkeur van bedrijven voor afgestudeerden?

Eerste uitleg: netwerken. Net als hun meer prestigieuze grote zussen hebben deze scholen het grote voordeel banden met werkgevers te smeden en te onderhouden, via stages en alumniverenigingen. De Grandes Ecoles hechten enorm veel belang aan het onderhouden van netwerken: evenementen waarbij alumni en studenten betrokken zijn, waarvan het prestigieuze Bal de l'X het beste voorbeeld is, mappen van oud-studenten, tijdschriften hebben de functie om een gemeenschap te binden. In China bieden business schools MBA-collegegelden aan politici om senior executives aan te trekken die hun netwerk willen verrijken. Afgestudeerden hebben over het algemeen goede herinneringen aan hun schooltijd en hebben vaak hulp gekregen van senioren, wat hen aanmoedigt om nieuwe generaties te helpen. Zich ervan bewust dat hun diploma des te waardevoller is wanneer degenen die het bekleden prestigieuze posities bekleden, zijn ze geneigd oud - studenten van hun school aan te nemen. Stages zijn ook een waardevol bezit. Ze dragen ertoe bij dat de afgestudeerde sneller operationeel is en zijn relationele netwerk verbreedt, wat vooral voor leidinggevenden de meest effectieve manier is om een baan te vinden.

Tweede verklaring: universiteiten hebben de neiging om niet-academische kennis te verwaarlozen. Business schools, maar ook bepaalde voorbereidende scholen, leren hun studenten daarentegen zichzelf te presenteren. "Fysieke verschijning, vooral kleding, en lichaamshexis zijn leerobjecten en doelstellingen. [...] Het is in feite gemak, of liever de uiterlijke manifestaties ervan, die het onderwerp zijn van veel werk", schrijft socioloog Muriel Darmon over commerciële voorbereiding [3]. Aan het einde van het proces gebruikt de ESG-managementschool om haar studenten te trainen in leiderschap (?), de vaardigheden van de cursus Florent, die sinds 2012 deel uitmaakt van dezelfde groep. Deze zorgen sluiten aan bij de beschrijving van de sociologen Michel Pinçon en Monique Pinçon-Charlot van het onderwijs van de bourgeoisie in chique hogescholen: "De presentatie van jezelf wordt niet overgelaten aan de welwillendheid van de leerlingen. Als nonchalante outfits verboden zijn, biedt de dag een zekere ontspanning: in de meeste Zwitserse hogescholen of aan de École des Roches is de stropdas niet verplicht om lessen bij te wonen. Het is anders voor het avondeten, dat is een intens moment van burgerlijke gezelligheid. [4]. »

Met andere woorden, studenten verwerven op de business school, als ze dat nog niet in hun familie hebben gedaan, disposities die de socioloog Pierre Bourdieu een geïncorporeerd cultureel kapitaal noemde. Vormgeven aan het imago van de persoon, zeer waardevol tijdens rekruteringsgesprekken en in het professionele leven in het algemeen, dit kapitaal maakt vaak het verschil. Vermogen om de juiste afstand te nemen ten opzichte van uw gesprekspartners, een overdaad aan vertrouwdheid of onderdanigheid te vermijden, vermogen om de juiste toon aan te nemen, vermogen om gunstig indruk te maken: moeilijk te meten, deze vaardigheden zijn een grote hulp voor afgestudeerden van de Grandes Ecoles om indruk te maken hun publiek en overtuig hen ervan dat ze geloofwaardige leidinggevenden zijn.

Ook de grote driejarige scholen zijn op zoek naar deze vaardigheden. Hier is bijvoorbeeld hoe ESSEC (www.essec.fr) het individuele interview presenteert, beschuldigd van een extreem hoge coëfficiënt: "De bijeenkomst stelt het karakter van de nieuwkomer in staat om te worden onderzocht: show en verbale vertrouwdheid; ontvankelijkheid; veelzijdigheid ; vriendelijkheid; gevoel van verplichting. Voor ESSEC moeten deelnemers weten hoe ze: zichzelf moeten voorstellen; zijn beroep en zijn ondernemingen begrijpen; hun ontmoetingen bespreken; hun neigingen delen. Een persoon uit de jury voor deze test, een bedrijfsleider, wanneer vertelde me volledig dat hij mogelijk twintig minuten nodig had om zich ervan bewust te worden, ervan uitgaande dat een understudy het karakter had van een fatsoenlijke chef. gecreëerd vakmanschap. Hoe het ook zij, doet het er echt toe, als de concurrent maar over alle benodigde kwaliteiten beschikt? Hij zal hebben laten zien dat hij het spel speelt, dat hij de doelstellingen en waarde van de organisatie deelt es, dat hij zijn stijl en codes azen.

Het zou in ieder geval ongepast zijn om de kracht van deze studenten tot deze eigenschappen te beperken. Dit jaar organiseerden de studenten van mijn middelbare school een feest. We hoorden studenten zingen, voorstellingen en muziek spelen, van soloviool tot de meest meedogenloze metal. De schok kwam van de twintig studenten die de verantwoordelijkheid voor de vereniging op zich namen. Vaak uitgeroeid of omslachtig in de klas, zijn ze machtige pioniers of semi-bekwame moderators geworden. Ze hadden een ontmoeting met de stadsvoorzitter en kregen een prachtige kamer, regelden de goedkeuring van de organisatie van de school, regelden de kaartverkoop, de hoorzittingen, de administratie, de groepering van tentoonstellingen; zonder valse noot. Ze illustreerden capaciteiten voor initiatief, communicatie, onderhandeling en teamwerk die ons schoolsysteem niet beoordeelt, maar die ertoe doen in de wereld van werk. Bijna allemaal in terminal ES, de meesten gaan volgend jaar naar de business school; hun opleiding is al begonnen.

Een gevoel van onrechtvaardigheid

Dit succes, dat zo nauw verbonden is met de financiële draagkracht van de ouders, wekt bij sommige leerlingen en leerkrachten een sterk gevoel van onrechtvaardigheid op. We kunnen het begrijpen. Laten we eens een adolescent nemen die zich correct uitdrukt en die, door het onderwijs in een zeer bevoorrechte gezinsomgeving, een goede presentatie heeft en een zeker gemak in de samenleving. Deze kwaliteiten, die misschien triviaal lijken, zijn dat niet voor degenen die gewend zijn om met jonge mensen te werken die aarzelen tussen stilte en agressiviteit. Hoeveel jongeren van vijftien of zestien weten een onbekende de hand te schudden en zich nuchter voor te stellen, zonder verlegenheid of overdrijving? Laten we ons voorstellen dat deze tiener erg geïnteresseerd is in zijn studie. Aan het einde van de tweede, nadat hij (of zij) erin geslaagd is om rond het gemiddelde te blijven, kiest hij (of zij) voor de ES-stroom, want het is bekend dat in S "het nodig is om te werken". Na een middelmatige primeur, die elke mogelijkheid sluit om toegelaten te worden tot prep of dubbele licentie, omdat zijn schoolrecord het spoor zal dragen, komt het laatste jaar, beslissend. Onze tiener versnelt, werkt een beetje voor het baccalaureaat en veel voor de Link-, Team-, Sesam- of Access-competities, waardoor de business schools met geïntegreerde voorbereiding rekruteren. Verrassing (want hij maakt zich weinig illusies over zijn academisch niveau): hij wordt op meerdere scholen toegelaten. dankzij welke business schools met geïntegreerde voorbereiding werven.

Verrassing (want hij maakt zich weinig illusies over zijn academisch niveau): hij wordt op meerdere scholen toegelaten. dankzij welke business schools met geïntegreerde voorbereiding werven. Verrassing (want hij maakt zich weinig illusies over zijn academisch niveau): hij wordt op meerdere scholen toegelaten.

Hij heeft daar een prettige opleiding genoten, afgewisseld met skiseminaries en stages in het buitenland. De gouden cocon waarin hij zijn jeugd doorbracht is bewaard gebleven. De sociale homogeniteit is nog meer uitgesproken dan op de middelbare school. De werkdruk blijft redelijk draaglijk. Zoals een student openhartig op een forum toegeeft: "Hier is mijn naam Lionel, ik zit in mijn eerste jaar bij ESSCA en ik denk dat ik er spijt van begin te krijgen... Inderdaad, ESSCA is de klier ... ik, ik ben een harde werker en ik beseffen dat ik bij ESSCA geen zelfmoord ga plegen [5]. De sfeer is niet al te stressvol, aangezien de meeste studenten hun cursus vlekkeloos afronden. Aan het einde van deze vijf jaar vinden ze binnen een paar maanden een baan en verdienen ze net zoveel alsof ze baccalaureaat S, een wiskundecursus en een goede technische school hebben gehad. We zijn ver verwijderd van de hindernisbaan die vaak in de pers wordt beschreven. Wat is het wonderrecept om op deze manier over dit cruciale moment te onderhandelen? Geld natuurlijk.

De analyse van wat er op technische scholen gebeurt, bevestigt het bepalende gewicht van de hoogte van het collegegeld. Post-baccalaureaat technische scholen groeien. Hun selectiviteit is echter zeer variabel. Terwijl de INSA (National Institutes of Applied Sciences), openbare scholen die 600 euro per jaar kosten, zeer selectief zijn - ongeveer 2.000 plaatsen voor 13.000 kandidaten en een meerderheid van baccalaureaathouders met hoge onderscheiding - de betalende privéscholen, die 6.000 tot 8.000 kosten euro per jaar, zijn zonder al te veel moeite toegankelijk voor een gemiddelde bèta- bachelor. Het baccalaureaatsgemiddelde van hun studenten, vergelijkbaar met dat van post-baccalaureaat business schoolstudenten, is vier punten lager dan dat van INSA-studenten.

Dat een opleiding onder deze omstandigheden een gevoel van onrechtvaardigheid oproept, is niet verwonderlijk. We horen het in de monden van voorbereidende studenten. Wanneer een ongelukkige laatstejaarsstudent op studentenforums suggereert dat de diploma's van bepaalde post-baccalaureaatscholen zouden kunnen concurreren met post-voorbereidende scholen, wordt hij in brand gestoken. De boodschap is altijd: "De prepa's werken hard, hebben een beter academisch niveau en de werkgevers erkennen dat. Dat zou ongetwijfeld moreel zijn. Maar afgezien van de beste scholen ligt het niet zo voor de hand, zoals blijkt uit de zeer krappe startsalarissen. De managementposities van grote Franse bedrijven zijn zeker alleen toegankelijk voor afgestudeerden van de meest prestigieuze scholen, maar KMO's (kleine en middelgrote ondernemingen) bieden geweldige kansen,

Leraren zijn soms ook verbitterd om te zien dat dit succes zo weinig gekoppeld is aan academische verdiensten, in termen van inspanning en resultaten. Vooral omdat ze de neiging hebben, beroepsdeformatie verplicht, om academische verdienste de maatstaf van alles te maken. Een bitterheid die nog wordt versterkt door de minachting van sommige studenten voor de lessen die ze hebben geleerd. De wedstrijden staan inderdaad op programma's die ver verwijderd zijn van die van de eindklasse en het baccalaureaat is moeilijk te missen. Zo'n beruchte domkop kan daarom een jaar later terugkeren naar de plaats van zijn misdaad en openhartig uitleggen dat hij op de business school zit. Hij zal zijn stage bij een groot adviesbureau in strategie beschrijven, opgepikt door relatie, en zijn LinkedIn-profiel zal specificeren dat hij nu een communitymanager is, zelfs een partner in het bedrijf dat hij amper zal hebben opgericht met twee vrienden.

Dit gevoel van onrechtvaardigheid wordt nog groter als we de omstandigheden die studenten op scholen te wachten staan, vergelijken met die op de universiteit.

De sterk dalende aantrekkelijkheid van de universiteit

Als meer dan de helft van de houders van het algemeen baccalaureaat naar de universiteit gaat, is dit aandeel veel lager op de François Quesnay-hogeschool, zoals op alle bevoorrechte middelbare scholen. In wetenschappelijke klassen gaan van de 140 studenten 45 naar medicijnen, 40 naar voorbereidende klassen, 35 naar post-baccalaureaat technische of business schools. Voeg vertrekken naar het buitenland en architectuurscholen toe en er zijn slechts 5 tot 10 studenten die kunnen kiezen om naar een licentie of IUT (University Institute of Technology) te gaan. In de economische klassen is de spreiding diverser: prépas, Sciences Po, buitenlandse universiteiten verwelkomen ongeveer 30 studenten, post-baccalaureaat business schools ongeveer 30, kunstacademies 10. Er blijven dus een vijftiental leerlingen over, die vooral kiezen voor rechten of een IUT. In totaal gaat slechts één op de acht studenten naar de universiteit,

Waarom ? Mijn studenten zien de universiteit als een jungle waarin ze voor zichzelf moeten zorgen en zichzelf moeten motiveren. De op de arbeidsmarkt gewaardeerde diploma's zouden daar schaars zijn. Ook de angst voor een slecht gereguleerd universum, waarvan de spelregels vaag zijn en geleidelijk worden ontdekt, de onwetendheid over diploma's en de banen waartoe ze leiden, spelen een rol. Alleen wet en selectieve cursussen, zoals dubbele licenties, trekken hen aan. Zijn deze aannames gerechtvaardigd? Ik ging op zoek naar getuigenissen om te proberen te begrijpen waarom studenten de belangrijkste gratis opleiding in het hoger onderwijs mijden.

De middelbare scholieren van François Quesnay zijn niet de enigen die de universiteit verlaten. Studies na het baccalaureaat vinden steeds minder plaats aan de universiteit en stagneren in IUT, terwijl het aantal in dertien jaar tijd is verdrievoudigd op business schools en verdubbeld op technische scholen. Volgens INSEE is de groei van het aantal studenten al tien jaar afkomstig van business schools (verantwoordelijk voor 33% van de toename), paramedische en sociale scholen (27%) en technische scholen (17%). Particuliere scholen nemen het leeuwendeel.

Omgekeerd schreef 32% van de baccalaureaathouders in 2013 zich in het volgende academische jaar in voor een universiteit, vergeleken met 39% in 2000. De daling is vooral duidelijk onder studenten met een algemeen baccalaureaat, terwijl het aantal inschrijvingen voor universiteiten toeneemt onder houders van een beroepsgericht baccalaureaat, maar niet voorbereid zijn om daar te studeren . Deze ontwikkeling versterkt het idee dat inschrijven voor een universiteit een standaardkeuze is. Vandaar een daling van de resultaten die de reputatie van de instelling niet ten goede komt. In 2012 haalde slechts 43% van de 146.000 eerstejaars universiteitsstudenten het tweede jaar en 28% trok zich terug. Deze resultaten zijn ongetwijfeld te danken aan het gebrek aan toezicht, maar vooral aan het publiek dat wordt ontvangen door de universiteiten, de enige niet-selectieve opleidingen in het hoger onderwijs.

Gemiddeld vertegenwoordigen houders van een baccalaureaat in het beroepsonderwijs 5% van de eerstejaarsstudenten en houders van een technologisch baccalaureaat 15%. Maar deze verhoudingen zijn veel hoger bij de universiteiten met de laagste resultaten. Zo vertegenwoordigen houders van een technologisch of professioneel baccalaureaat 31% van degenen die zijn ingeschreven in Le Havre (27% van de passages in het tweede jaar)... en 60% van degenen die zijn geregistreerd in Paris-XIII (25% van de passages)! Slechts 5% van de houders van een baccalaureaat in het beroepsonderwijs behaalt een bachelordiploma, vergeleken met bijna de helft van de houders van een algemeen baccalaureaat. Voor de studenten voor wie het theoretisch bedoeld is, is de universiteit dus niet catastrofaal, zeker niet als men er rekening mee houdt dat ze niet de beste afgestudeerden aantrekt, behalve in de geneeskunde of in de selectieve stroom. Maar de onbewerkte gegevens die aan het publiek worden vrijgegeven, zijn eng.

Bovendien zijn de middelen van de universiteiten, met name menselijke, zeer ontoereikend. De gemiddelde uitgaven per student weerspiegelen dit tekort. Het wordt geschat op 10.770 euro op de universiteit, tegen 13.740 euro in STS, 15.080 euro in voorbereidende klas en ongeveer 17.000 euro in business school. Nogmaals, dit is een gemiddelde rekening houdend met alle niveaus en alle trainingen. De eerste cycli zijn veel minder goed bedeeld. Bovendien bieden universiteiten al enkele jaren dubbele graden aan, waarbij rechten en economie, wetenschap en geschiedenis, kunst en sociale wetenschappen of wetenschap en economie worden gecombineerd. Selectief, deze zeer succesvolle cursussen kopiëren bepaalde schoolmethodes: actieve studentenverenigingen, integratieweekenden, hoog aantal cursusuren, internationale partnerschappen. Aangezien de staat, ondanks de goede woorden van zijn opeenvolgende ministers, zich financieel terugtrekt, zal hij nooit de middelen aan universiteiten geven om de meerderheid van hun studenten te laten slagen in het eerste jaar van hun bachelor, dankzij de organisatie van trainingen in kleine groepen , aangezien de staat autistisch is, moeten openbare universiteiten zich ertoe verbinden het eerste jaar van de bacheloropleiding uit te besteden aan particulier hoger onderwijs en het terloops belasten om L2 en L3 correcter te financieren [6].

Als gevolg van deze armoede zijn de begeleidingspercentages onvoldoende, vooral in de eerste cyclus. Afgezien van taalstudies zijn lessen in kleine groepen over het algemeen beperkt tot drie of vier sessies van anderhalf uur per week, terwijl de rest van de lessen wordt gegeven in grote collegezalen waarin het moeilijk is om gefocust te blijven en onmogelijk om een vraag te stellen. vraag of om terug te komen op een verkeerd begrepen passage. Tutorials worden meestal verzorgd door gevorderde, onervaren studenten, meer gericht op het voltooien van hun scriptie dan op hun cursussen en zonder enige pedagogische opleiding. De universiteit werft ook middelbare scholieren aan, die veel beter opgeleid zijn, maar de salarissen zijn onaantrekkelijk en de banen schaars.

Sommige disciplines zijn bijzonder achtergesteld. Bij rechten krijgen studenten vooral colleges in het amfitheater. Volgens een samenvatting van de Rekenkamer, "terwijl er in de andere disciplines gemiddeld één professor op 30 studenten is, daalt deze verhouding tot 1 op 55 in rechten [7] Het begeleidingspercentage is ongeveer 26 docent-onderzoekers op 1.000 studenten, terwijl het gemiddelde, alle disciplines samen, 36 op 1.000 is. Ook daar zijn de uitgaven per student bijzonder laag, constateert de Rekenkamer . per student aan bijvoorbeeld Paris-Ouest-Nanterre-La Défense zijn de middelen van de rechtenfaculteit zeer beperkt.

Het gebrek aan secretariële middelen zorgt ervoor dat de studenten, zelden op de hoogte gebracht van de afwezigheid van de professoren, zich onnodig verplaatsen en voor de lege kamers of collegezalen blijven staan voordat ze besluiten te vertrekken. Buiten gevallen waarin tutoring daadwerkelijk is geïmplementeerd, volgt niemand de opleiding van een niet-gegradueerde student, die meestal anoniem is voor de administratie en de meeste faculteiten. De schok is dan ook groot voor leerlingen die op de middelbare school gewend zijn aan een nauwkeurige opvolging (sms bij afwezigheid, oriënterende besprekingen met de hoofdleraar, leerkrachten vaak bereikbaar via berichten). Dit leidt ertoe dat hogescholen botte regels uitvaardigen, zoals "meer dan drie afwezigheden en de student wordt in gebreke gesteld", ongeacht de reden.

Het is ingewikkelder om een videoprojector te krijgen om les te geven aan La Sorbonne dan aan een universiteit in de buitenwijken; Ik heb het meegemaakt. Universiteiten hebben niet eens meer de middelen om degenen die naar hen toe komen te huisvesten. Er zijn veel studenten die worden afgewezen in vakken die nog niet selectief zijn, en noodgedwongen moeten kiezen voor een andere universiteit of een andere opleiding. Ambtenaren proberen studenten ervan te overtuigen zich in te schrijven voor terminalcontrole, dat wil zeggen af te zien van lessen in kleine groepen met continue controle, om het aantal te betalen leraren, die ook moeilijk te vinden zijn, te verminderen.

Bij gebrek aan middelen genieten lezingen in auditoria de voorkeur. Op het moment dat ze online beschikbaar zijn, lijkt deze vorm van lesgeven achterhaald. Het staat studenten niet toe om te communiceren, om hun begrip van dingen te testen, om de gestelde vraag te bespreken. Zelfs het fysieke contact, door de blik, de bewegingen, de modulaties van de stem, die er veel aan doen om de aandacht van het publiek vast te houden, verdwijnt wanneer de aantallen te groot zijn en de leraar aan zijn bureau vastgeklonken zit door de behoefte om in een vaste microfoon.

Universiteit is vaak saai. De cursussen zijn niet bedoeld om studenten te interesseren, maar om toekomstige doctoraatsstudenten op te leiden die de aanwezige docenten zullen opvolgen. In Le Monde bevestigt Pierre Alary, die lesgeeft aan de universiteit na drie jaar in een business school te hebben gewerkt, dit: "De logica van een business school is anders dan die van een universiteit. [...] Deze privéscholen maken zich zorgen over feedback van studenten, de cursussen moeten hen bevallen, interesseren. Maar de economie verklaard door wiskundige modellen verveelt hen en er is niets beters om de collegezalen leeg te maken! We horen dezelfde soort kritiek in de wetenschap of in talen. Geconfronteerd met een slaapverwekkende of te theoretische cursus, kunnen studenten alleen maar niet aanwezig zijn, wat geen directe gevolgen heeft. Ik heb ook,

Universitaire studenten lopen veel minder vaak stage dan elders. Bovendien doet de instelling weinig om ze te helpen het te vinden. Een student die via een persoonlijke relatie een stage vond, vertelde mij dat het voor hem erg moeilijk was geweest om te vinden hoe hij de stageovereenkomst door de universiteit kon laten goedkeuren. Het universiteitsjaar eindigt echter vaak eind mei, waardoor er voldoende tijd overblijft om stage te lopen en vakanties op te nemen. Het ontbreken van een stageplaats is uiteraard benadelend als het gaat om het vinden van een werkgelegenheid, zowel qua ervaring als relaties. Het is waar dat de toegang tot werk in Frankrijk zo ingewikkeld is geworden dat een stage of een vakantiebaan nu uiterlijke tekenen van rijkdom zijn. Afgezien van de kantoren van de studenten van de Grandes Ecoles, worden interessante posities verkregen door persoonlijke relaties, wat uiteraard in het voordeel is van studenten van wie de ouders het goed hebben.

Gedeeltelijk Engels aan een universiteit in Ile-de-France. Enkele honderden studenten economie, management en toegepaste wiskunde verdringen zich in het amfitheater. De drie leerkrachten die verantwoordelijk zijn voor de organisatie verdelen de vakken, die verschillen naargelang de gevolgde opleiding, en begeleiden de proef zo goed mogelijk, aangezien het er te weinig zijn en niet gemakkelijk kunnen circuleren in de vakken. Aan het einde van de test gaan de kandidaten in de rij staan om hun paper terug te geven. Een van hen benadert de supervisor, die naar zijn lijst wijst en deze overschrijft: "Shit! Je studeert economie en je hebt het vak gekregen dat bedoeld is voor toegepaste wiskunde. Hij haalt zijn schouders op. " Goed. We zullen een oplossing vinden. »

De organisatie van examens schiet vaak tekort op de universiteit. Dit is een ander aspect van het gebrek aan middelen. Nadat ik oud-studenten erover had horen klagen, heb ik me aan het einde van het eerste jaar economie, een vak dat ik ken, goed verdiept. Ik was geschokt door wat ik zag. Zowel in de micro- als in de macro-economie hebben examens op deze universiteit [8] overwegend de vorm van meerkeuzevragen (MCQ's). Deze examenvorm, die ogenschijnlijk recentelijk is gebruikt, heeft een duidelijk voordeel in termen van nakijktijd: het duurt gemiddeld vijftien tot twintig minuten om een proefschrift te corrigeren, maar slechts dertig seconden voor een MCQ. Economen brengen zo het idee van arbeidsproductiviteitswinst dat zij onderwijzen in de praktijk!

De MCQ's maken het mogelijk om de verwerving van kennis te controleren... en dat is het zo'n beetje: geen reflectie, geen schrijven, geen synthese. Het is daarom mogelijk om verder te komen in iemands economische studies zonder training om te schrijven en redeneringen op te bouwen. De beheersing van wiskundige hulpmiddelen is ook erg moeilijk te beoordelen met een MCQ: in een rekenvraag zal een goed uitgevoerde redenering afgesloten met een minimale rekenfout op dezelfde manier worden genoteerd als een totaal onvermogen om de oefening te starten.

Het grote probleem met MCQ's is dat het altijd mogelijk is om punten te verdienen door antwoorden willekeurig te controleren. Logischerwijs zou een aap die willekeurig op een toetsenbord typt, het gemiddelde moeten krijgen als hij het heeft

keuze tussen twee antwoorden en 5/20 als er vier mogelijke opties zijn. Het is duidelijk dat je altijd negatieve punten kunt inbrengen om fouten te bestraffen, volgens de "mooie" Franse gewoonte die je aanmoedigt om niet te antwoorden uit angst om een fout te maken. Dat biedt deze universiteit, met als groot nadeel dat de student die correct redeneert en dom een fout maakt in de eindberekening, minder punten zal halen dan degene die moedig de moeilijke vragen niet beantwoordt.

Het zou echter mogelijk zijn om anders te werk te gaan. De notatie moet worden aangepast om rekening te houden met het feit dat een persoon die willekeurig antwoordt onvermijdelijk enkele goede antwoorden zal hebben, ten minste vier antwoordmogelijkheden zal bieden en een groot aantal vragen zal stellen (minstens vijftig), om toevallige vragen te beperken. juiste antwoorden. . De MCQ's van deze universiteit stellen echter maar twintig vragen en bieden vaak maar twee of drie antwoordmogelijkheden, waarvan er één soms zo grotesk is dat deze noodzakelijkerwijs geëlimineerd wordt (en dat de student het gevoel heeft voor gek gehouden te worden). Onderwerpen bevatten vaak spelfouten of fouten door te snel kopiëren/plakken. De verklaringen specificeren niet de veronderstellingen die ten grondslag liggen aan de redenering die moet worden gemaakt (waardoor de grootte van de verklaringen zou vertienvoudigen,

Deze gang van zaken kan studenten al snel het gevoel geven dat de evaluatie willekeurig en vooral tegen lagere kosten georganiseerd is.

De "ondanks ons": studenten standaard en valse studenten

Volgens een enquête van het ministerie had 38% van de eerstejaarsstudenten liever een andere richting gehad [9]. Dit aandeel stijgt tot 52% bij houders van een technologisch of professioneel baccalaureaat, wat niet echt verwonderlijk is. Deze laatsten zitten vaak op de universiteit omdat ze door hun slechte academische staat van dienst geen toegang hadden tot STS. Maar hoe kunnen we ons voorstellen dat studenten die te zwak worden geacht om te slagen in een zeer concrete onderwijsopleiding gericht op beroepsinschakeling op b + 2-niveau, zullen slagen in universitaire licenties? Vooral omdat ze daar in slechte psychische omstandigheden aankomen.

Het is waar dat alle andere formaties op de een of andere manier selectief zijn. Afgestudeerden die zijn afgewezen, kunnen altijd een plek vinden om op de universiteit te blijven, maar zonder dat ze dat echt hebben gewild; en het is niet zeker of ze een adequaat opleidingsniveau hebben. In theorie hebben alle afgestudeerden een voldoende niveau, aangezien het kunnen volgen van de lessen wordt gesanctioneerd door het examen. Deze voorstelling der dingen weerspiegelt de werkelijkheid niet. Het begrip beroepsbaccalaureaat is ook een oxymoron: dit diploma bereidt voor op onmiddellijke professionele integratie, terwijl het baccalaureaat de mogelijkheid valideert om hoger onderwijs te volgen.

In principe zijn de langste studies de meest abstracte en vaak ook de moeilijkste. Maar korte cursussen trekken vanwege hun selectiviteit vaak betere studenten aan dan universitaire studies. Absurde, goed georganiseerde, onafhankelijke studenten die in staat zijn om efficiënt aantekeningen te maken, bevinden zich in IUT's om zich voor te bereiden op een baccalaureaat + 2 terwijl ze profiteren van solide begeleiding (meer dan twintig uur per week in kleine aantallen), terwijl de minder goed opgeleide studenten moeten proberen gebruik te maken van hoorcolleges en zelf een zelfstudiesessie voorbereiden op basis van een lijst met oefeningen of een bibliografie. Inderdaad, goede middelbare scholieren kiezen voor een IUT. Ze gaan daar niet zozeer voor de TU Delft als wel om beter begeleid te worden dan op de universiteit en bereiden zich dan voor op een diploma of parallelle toelating tot een Grande Ecole. Sandrine, een van mijn weinige studenten met een bescheiden achtergrond, legt me uit dat ze na haar baccalaureaat (cum laude) naar de IUT ging omdat ze zich een beetje kwetsbaar voelde voor de voorbereiding. Ze is opgetogen, werkt veel en streeft naar een parallelle toelating tot de business school na haar diploma.

Samenvattend, gezien het publiek dat zij verwelkomt, zou de universiteit veel meer middelen voor eerstejaarsstudenten moeten hebben dan andere cursussen en hen op dit niveau moeten concentreren. Precies het tegenovergestelde gebeurt. Schade.

In sommige gevallen worden de eerste jaren van

de bachelor ook geparasiteerd door 'valse studenten', werkloze jongeren met een bescheiden achtergrond die zich inschrijven aan de universiteit om te profiteren van beurzen en sociale bescherming. Dit probleem is geconcentreerd in de universiteiten van de volkswijken, bijvoorbeeld in Paris-VIII-Saint-Denis en Paris-XIII-Villetaneuse in de Parijse regio, Lille-III of Toulouse-Le Mirail. Een rapport van Le Monde beschrijft de situatie in Perpignan [10] : tussen een kwart en de helft van de ingeleverde werkstukken tijdens de propedeutische tentamens is blanco.

Hoewel ze niet van plan zijn de cursussen te volgen, schrijven deze nepstudenten zich meestal in voor disciplines die voor hen toegankelijk lijken, in sociologie, psychologie of AES (economische en sociale administratie), in plaats van in klassiekers. , economie of wiskunde. Daarom zijn ze talrijk. Verplicht naar de deelsessies te komen, verlaten ze zo snel mogelijk de zaal, nadat ze de presentielijst hebben ondertekend en een wit exemplaar hebben ingeleverd. Soms verstoren ze de test. Ze moeten ook werkcolleges bijwonen, want uitsluiting is automatisch na drie afwezigheden tijdens het semester (dat eigenlijk een tiental weken duurt). Hun houding helpt andere leerlingen te demobiliseren en leraren te ergeren: ze kijken op hun telefoon, houden hun koptelefoon op, slapen op tafels , enz. [11].

Het is geen nieuw probleem. Een bevriende leraar in Lille had het me in de jaren negentig al beschreven. Maar sindsdien is het gegroeid. De vrijwel afwezigheid van RSA (actief solidariteitsinkomen) voor jongeren onder de 25 jaar en de hoge jeugdwerkloosheid verklaren deze gang van zaken, maar maken ze er niet draaglijker op. Studenten en docenten hebben er last van, wat drukt op de sfeer van de opleidingen en de slagingspercentages. Dit stimuleert universiteiten ook om de middelen voor eerstejaarsstudenten te beperken en te reserveren voor 'echte' studenten. Nieuwkomers zijn echter degenen die de meeste steun nodig hebben. Het zou mogelijk zijn om het probleem op te lossen door een minimumcijfer te eisen om toegang te krijgen tot het tweede semester of, in ieder geval, om te herhalen. Eerlijk gezegd lijkt de staat een situatie te accepteren die het mogelijk maakt om tegen weinig kosten het probleem van jongeren zonder werk of kwalificaties aan te pakken door ze uit de werkloosheidsstatistieken te schrappen in ruil voor sociale bescherming en minimale inkomen. Ten koste van het zelfbeeld van deze jongeren en van de werkomstandigheden op de universiteit.

Sta even stil bij de situatie van deze jongeren. Waarom schrijven ze zich in voor disciplines die verband houden met het baccalaureaat waarvoor ze zijn geslaagd, zo niet omdat hun inschrijving deels serieus is? Ondervraagd door de journalisten, bevestigen ze dat ze er alleen zijn voor de portemonnee, dat ze hierin niet geïnteresseerd zijn

" hansworststudies " die nergens toe leiden, enz. Maar men kan twijfelen aan de oprechtheid van deze cynische en afstandelijke toespraak en men kan zich integendeel voorstellen dat deze jonge mensen zich inschreven in de hoop belangstelling voor de cursussen te vinden en correcte resultaten te behalen. Geconfronteerd met een lering die hen niet aanspreekt, zouden ze, pas voor de tweede keer, dit defensieve discours hebben ontwikkeld, dat vermijdt dat hun vermogen om te slagen in twijfel wordt getrokken. Kortom, ze zouden minder profiteurs van het systeem zijn dan slachtoffers van het slecht functioneren ervan.

Tijdens gesprekken met middelbare scholieren komt de vraag naar de identiteit van de stromen nadrukkelijk naar voren. De studenten zien vrij goed wat een management- of ingenieursschool is en voor welk beroep ze openstaan. BTS en DUT hebben specifieke titels. Maar waar leidt een bachelor wiskunde of economie toe? De leerlingen hebben geen idee en vinden het erg moeilijk om daar achter te komen. Hoogstens kunnen ze, door goed te kijken, de mastertitels vinden waarop een licentie voorbereidt. Omgekeerd trekt een opleiding voor (ogenschijnlijk) goed geïdentificeerde kansen, zoals rechten, veel studenten, ondanks hoge uitvalpercentages.

Bij gebrek aan een duidelijke strategie kiezen leerlingen daarom vaak voor een vak dat ze goed onder de knie hadden en dat ze leuk vonden op de middelbare school. Maar het is niet hetzelfde om van Engels te houden en de Engelse taal en beschaving in vrijheid te bestuderen, zonder je al te veel voor te stellen wat het resultaat kan zijn. Dit geldt des te meer voor economie, waar de eerstejaars vooral toegepaste wiskunde doet, zonder aansluiting op de laatstejaarsvakken over groei of werkloosheid.

Ondanks echte inspanningen bouwen universiteiten nog steeds vaak modellen van diploma's op basis van de opleiding van toekomstige doctoraatsstudenten en lokale belangen ("er moet een licentiecursus worden gecreëerd voor de heer Lefèvre"). De aanpassing van diploma's aan de werkgelegenheid is onvoldoende en traag, terwijl de behoeften van het economisch systeem snel veranderen. Om tegemoet te komen aan de grote vraag naar duale vaardigheden (IT en management, techniek en recht, enz.), zouden duale curricula een sterk punt moeten zijn van de universiteit, die over een grote verscheidenheid aan vaardigheden beschikt. Maar de terugtrekking in zichzelf van elke formatie vertraagt hun ontwikkeling. Een vriend legde me uit dat hij de dubbele cursus die hij overwoog niet kon opzetten omdat de juridische afdeling weigert haar studenten vrij te stellen, die erg goed en weinig in aantal zijn.

I ♥ Universiteit van Versailles-Saint-Quentin-en-Yvelines

De identiteitsvraag komt ook voort uit het feit dat de universiteit, op enkele uitzonderingen na, geen merk heeft. Merken zijn echter essentieel om je weg te vinden in het maquis van training. Het is bijvoorbeeld moeilijk te zeggen tot welke beroepen Sciences Po Paris leidt, gezien de versnippering, om niet te zeggen de verwarring, van de masters die daar beschikbaar zijn. Maar Sciences Po is een sterk merk, dat het instituut ook ten nadele van de officiële naam van het Instituut voor Politieke Studies naar voren brengt en niet aarzelt om juridische stappen te ondernemen tegen universiteiten die deze geregistreerde naam onbedoeld gebruiken.

Universiteiten proberen merken te creëren, maar worden niet geholpen door namen als Bordeaux-IV of Grenoble-II. Paris-X werd omgedoopt tot Paris-Ouest-Nanterre-La Défense om de naam te associëren met die van het zakendistrict (waar bepaalde cursussen worden gegeven) en om Paris-Ouest te vervangen door Nanterre, een synoniem voor veel middelbare scholieren. , een broeinest van internationaal linksisme en een kansarme en vaag verontrustende buitenwijk. Het is duidelijk dat er een lange weg is van dit beeld naar de realiteit van nogal burgerlijke rekrutering in Nanterre, vooral in rechten en economie, maar de kracht van het beeld overwint. Het gekozen compromis is echter te verwarrend om de zaken te verbeteren.

Ook al geniet de universiteit een prestigieuze naam,

ze slaagt er niet altijd goed in. De Sorbonne is een spectaculair voorbeeld. Het merk "Sorbonne", dat over de hele wereld bekend is, wordt gedragen door drie verschillende universiteiten, wat het gebruik of de identificatie ervan niet aanmoedigt. Gewaardeerd op ongeveer een miljard euro door het State Intangible Heritage Agency, werd het gedeeltelijk verkocht aan Paris-Sorbonne-Abou Dhabi University. Geboren in 2006 uit een overeenkomst tussen Paris-IV en de regering van Abu Dhabi, heeft het het monopolie van de appellatie Sorbonne in het Nabije en Midden-Oosten. In werkelijkheid is Parijs-IV een beetje vooruitgegaan, aangezien de naam wettelijk toebehoort aan de kanselarij van de universiteiten van Parijs. Maar toen Paris-I probeerde projecten op te zetten met Qatar en Bahrein, werden deze om diplomatieke redenen op het hoogste niveau van de staat geblokkeerd: het was onmogelijk om de gesloten overeenkomst in twijfel te trekken zonder de leiders van Abu Dhabi te beledigen. Sommige ambtenaren waren echter ontroerd door het risico het imago van de Sorbonne aan te tasten in een "universiteit van het zand" die weinig studenten en vaste professoren heeft. Ten slotte zijn de financiële voordelen van de overeenkomst zeer beperkt, in tegenstelling tot het Louvre Abu Dhabi (het merk "Louvre" is al dertig jaar verkocht en 400 miljoen euro).

Blijft de kwestie van de selectie. De massificatie van het voortgezet onderwijs leidt tot ongebreidelde concurrentie in het hoger onderwijs. Ongeveer 80% van een leeftijdsgroep kan student worden, vergeleken met 30% dertig jaar geleden. De concurrentie ontwikkelt zich in een verwarrende context, gekenmerkt door zowel een snelle stijging van het kwalificatieniveau van jongeren als een zwakke creatie van geschoolde banen. Deze tegengestelde bewegingen verlagen de waarde van diploma's. Om dezelfde maatschappelijke positie als zijn ouders te bereiken, moet men gewapend zijn met een veel hoger diploma. Zowel kinderen als ouders zijn zich hiervan bewust, vooral omdat de marketing van ondersteunings- en onderwijsbedrijven hamert op de moeilijkheidsgraad van examens en wedstrijden, terwijl de media achteloos melding maken van jeugdwerkloosheid. [12] , wat echter veel minder gevolgen heeft voor afgestudeerden in het hoger onderwijs dan voor anderen. Deze competitie voedt een stressvolle onzekerheid voor zowel jongeren als hun ouders. Afgezien van de zeer goede studenten, die vandaag en gisteren de koninklijke weg naar de Grandes Ecoles volgen, is het risico op degradatie reëel. Zelfs met een goede situatie zijn ouders meestal in loondienst. Ze kunnen hun kinderen financieel, intellectueel en emotioneel ondersteunen, maar kunnen ze geen werk bieden. Ze hebben dus geen zekerheid dat hun kinderen net zo goed of beter zullen slagen dan zij zonder een heel goed diploma.

De angst voor degradatie treft de midden- en hogere middenklasse, van productie-ingenieurs tot leraren, van technici tot voormannen, van verpleegsters tot secretaresses, van bankmedewerkers tot dirigenten in opleiding. De socioloog Louis Chauvel heeft er [13] getoond dat het falen van de sociale lift permanent was. De generatie 25-35-jarigen heeft moeite om de beroepsposities van de vijftigers, de generatie van hun ouders, te bereiken.

De uitdaging is dus om je te onderscheiden van de anderen, in overeenstemming met wat economen de "signaaltheorie" noemen. Het meest voor de hand liggende is om een selectief pad te volgen, wat een bepaald vaardigheidsniveau aangeeft. Van de elite streams blijven voor zeer goede studenten. Maar voor de anderen, al degenen die bepaalde academische vaardigheden hebben, maar niet naar een voorbereidende school, Polytechnique en ENA gaan? Selectieve stromen bestaan op alle niveaus en ze worden stormenderhand veroverd wanneer ze de toegang tot werk lijken te garanderen.

De enige niet-selectieve sector is de universiteit, die daardoor wordt verwaarloosd, behalve om zich selectief te tonen: 20% van de houders van een baccalaureaat S probeert nu medicijnen, vergeleken met 12% vijftien jaar geleden. De Technische Universiteit van Compiègne of Paris-Dauphine hebben geen probleem met rekrutering, noch met dubbele licenties. In de wet bloeien initiatieven om een selectieve opleiding te creëren die lijkt op de Grandes Ecoles: Paris-II-Assas presenteert zijn masterdiploma in ondernemingsrecht als "een Grande Ecole binnen de universiteit". Het collegegeld is daar erg hoog (15.000 euro per jaar)... en de startsalarissen zijn stratosferisch. Toulouse-I bereidt een Europese rechtsschool voor en roept de mogelijkheid op om universitaire graden (DU) te betalen. Maar deze cursussen bieden slechts een zeer beperkt aantal plaatsen aan,

Hoofdstuk 5 Aantekeningen

1. Peter BOURDIEU, "Sociaal kapitaal, voorlopige aantekeningen", Proceedings of social science research, nr. oh 31, 1980.

2. http//Etudiinfo.com, 13 januari 2014.

3. Muriel DARMON, *Voorbereidende lessen. Het ontstaan van een dominante jeugd* , Discovery, Parijs, 2013, p. 248.

4. Michael PINCON en Monique P.INCON-VSHARLOT, Sociologie van de bourgeoisie, La Découverte, Parijs, 2007 (3 ^{e} ed.), p. 86.

5. Peter DUBOIS, "Licentie: het cynisme van de particuliere SUP", op de blog Histoires d'universités, 2014, https://histoiresduniversites.wordpress.com.

6. VSOUR ACCOUNTS, De Sector en opleidingsplaats , juni 2012. Ter vergelijking: deze verhouding is ongeveer één leraar op elke elf leerlingen op een middelbare school.

7. Dit is Parijs West. Nadat ik een post over dit thema had gepubliceerd, kreeg ik verschillende reacties van academici die zeiden dat dit niet het geval was op hun universiteit.

8. "Nieuwe baccalaureaathouders hebben zich bij

de start van het academisch jaar 2011 aangemeld voor een vergunning", Informatienota, nr. 12.07, Ministerie van Hoger Onderwijs, juli 2012.

9. Pascale KREMER, "De universiteit kampte met een instroom van "valse" beursstudenten", Le Monde, 27 mei 2013.

10. Opmerkingen gehoord over Paris-XIII, bevestigd door de Le Monde-enquête (ibid.).

11. Met een jeugdwerkloosheid van 24% hoor je vaak presentatoren beweren dat 24% van de jongeren werkloos is, wat natuurlijk niet waar is. In werkelijkheid is 7,5% van alle jongeren van zestien tot vierentwintig jaar (en niet alleen de beroepsbevolking) werkloos.

12. "De nieuwe generaties worden geconfronteerd met het langdurige falen van de sociale lift", Revue de l'OFCE, n°96, januari 2006, p. 35-50.

6

De grote sprong voorwaarts van particuliere scholen

"Inschrijving voor de Cours Molière veronderstelt een onvoorwaardelijke aanvaarding van het intern reglement van de school: gepaste kleding vereist (joggen en pet verboden), [...] gebruik van laptop/Ipod/mp3... formeel verboden [1]. »

I I Twintig jaar geleden werd ik binnengeroepen door mijn hoofdonderwijzer, die net was aangekomen van een grote middelbare school in Rennes. Ik had een cumulatieve machtiging gevraagd om een paar uur les te geven in een privévoorbereiding, die meestal zonder problemen werd verleend. "Ik kan dat niet voor je tekenen," vertelde hij me. Waar ik vandaan kom, steelt de privésector onze beste leraren en onze beste studenten. Daar heb ik mijn hele carrière tegen gevochten. Dus ik kan niet accepteren dat je privé gaat. Het is tegen mijn principes. Ik was verrast omdat buiten Bretagne het ideologische conflict tussen de school van de Republiek en die van de priesters tot het verleden lijkt te behoren. De particuliere instellingen onder contract zijn inmiddels geïntegreerd in de openbare onderwijsdienst. Maar het conflict tussen privé en publiek duikt weer op in een andere vorm,

Particuliere instellingen hebben steeds meer leerlingen, van kleuterschool tot hoger onderwijs. Ze monopoliseren vandaag de eerste plaatsen van de hitlijsten van hogescholen en middelbare scholen. Ze betwisten de suprematie van de grote middelbare scholen in de voorbereidende school. Gaan we naar een school met twee snelheden, waarbij excellentie wordt geïdentificeerd met betalende school? Dit risico is des te groter daar naast de private non-profitsector ook een private commerciële sector aan de weg timmert, met een sterke aanwezigheid in de voorbereiding van wedstrijden en beroepsopleidingen. Afgezien van enkele grote, maar dure scholen zonder winstoogmerk, vormt deze commerciële privacy de grootste bedreiging voor gelddiscriminatie.

Van de kleuterschool

De kleuterschool is een van die dingen waar de hele wereld jaloers op zou moeten zijn. Hoe het ook zij, het is zeker dat vroege scholing het leren bevordert. Het vermindert de ongelijkheid voor de school, blijkt uit alle studies. Overigens lost het ook bepaalde problemen op het gebied van kinderopvang op. Dit is de reden waarom, ook al is school niet verplicht voor de leeftijd van zes jaar, de staat er twintig jaar lang voor heeft gezorgd dat alle driejarige kinderen naar de kleuterschool gaan.

In veel gemeenten wacht u echter een onaangename verrassing als u uw kind van twee jaar probeert in te schrijven. Het tweejarig onderwijs is inderdaad ingestort, van 35% in 2000 tot 11% aan het begin van het schooljaar 2012. Wat er is gebeurd? Het aantal kinderen van twee tot vijf jaar steeg snel in de jaren 2000. Er zouden extra klassen moeten worden geopend om 350.000 extra kinderen te huisvesten, een stijging van

10%. Deze inspanning is niet geleverd. Aangezien de regering zich ertoe verbindt alle kinderen van drie jaar op te vangen, neemt het onderwijs op tweejarige leeftijd af om plaatsen vrij te maken voor oudere kinderen. Tot 2005 nam de schoolpopulatie onvoldoende toe. Vervolgens werd de inspanning stopgezet en daalde het aantal kinderen dat naar de kleuterschool ging.

Naast dit tekort zijn er enorme ongelijkheden in de verdeling van middelen. Zo heeft 49% van de tweejarige kinderen een plaats in de kleuterschool in Lozère, maar slechts... 5% in Seine-Saint-Denis, volgens een rapport van de Rekenkamer. Eén kind op twintig! Waar deze scholing het meest noodzakelijk zou zijn, omdat de gezinnen daar vaak berooid zijn, zowel materieel als cultureel, is zij het minst ontwikkeld. We lezen er het zwakke vermogen van de armsten om publieke keuzes te beïnvloeden, maar ook een disbalans tussen stad en platteland. In Frankrijk zijn de uitgaven per kind veel hoger op het platteland. Het is inderdaad politiek moeilijk om klassen of scholen te sluiten in plattelandsgebieden die ontvolkt zijn, met het risico schoolkinderen of studenten lange transportafstanden op te leggen.

Zoals verwacht zet deze fiscale verkrapping gezinnen ertoe aan om zich tot de particuliere sector te wenden. Terwijl 11% van de driejarigen nu net als tien jaar geleden naar de particuliere sector gaat, is het particuliere aandeel van tweejarige scholing van 18% naar 24% gegaan. Voor gezinnen betekent dit een extra uitgave. Tegelijkertijd moeten we de positieve rol benadrukken van particuliere scholen, die voorzien in een reële behoefte, waarin niet langer goed wordt voorzien door openbare scholen. Merk overigens op dat de budgettaire besparingen die de Staat hoopt te bereiken door het aanbod te verminderen deels een illusie is, aangezien de meeste kosten van particuliere scholen, namelijk de beloning van leraren, bij hem terechtkomen.

Op de universiteit boekt de privésector weinig vooruitgang. Een op de vijf leerlingen volgde daar onderwijs in 2013, wat neerkomt op 690.500

leerlingen, een lichte stijging sinds 2000. Op het niveau van de middelbare school groeide de particuliere sector in dezelfde periode van 20% naar 22%, een aanzienlijke stijging. Particuliere instellingen zijn geconcentreerd in een paar regio's: ze leiden meer dan een derde van de studenten op in Parijs en meer dan de helft in de Vendée. Het zijn over het algemeen kinderen met een bevoorrechte achtergrond: 36% van de privéstudenten op de universiteit en 46% op de middelbare school hebben ouders die leidinggevenden, bedrijfsleiders of leraren zijn. Het is niet verwonderlijk dat we merken dat het privéaanbod meer geconcentreerd is op de S- en ES-serie, de meest gevraagde, dan op de L- of STMG-serie (wetenschappen en technologieën van management en management). In de private sector wordt Latijn vaker gestudeerd dan in de publieke sector.

De dynamiek van particuliere instellingen is gebaseerd op de goede resultaten van hun studenten, wat niets nieuws is. Er is altijd een traditie van excellentie geweest in bepaalde particuliere confessionele middelbare scholen. Maar het feit dat deze etablissementen de ranglijst overweldigend domineren, is een raadsel. Van de 50 hogescholen met de meeste afgestudeerden zijn er 48 privé. De dappere openbare instellingen die op de lijst blijven staan, zijn twee hogescholen met een internationale roeping in Yvelines, de Frans-Duitse hogeschool van Buc en de internationale hogeschool van Saint-Germain-en-Laye. Van de 156 middelbare scholen met 100% bac pass in 2013, zijn er 143 particuliere middelbare scholen. En die worden niet buitengesloten voor wat het ministerie meerwaarde noemt,

Deze particuliere excellentie-instellingen hebben bijna allemaal een associatiecontract met de staat: ze zijn geïntegreerd in de openbare onderwijsdienst en moeten de nationale programma's en tijdschema's respecteren; in ruil daarvoor worden de lerarensalarissen betaald door de staat, waardoor onderwijs betaalbaar wordt. Niet-contractuele instellingen, die zeer gering in aantal zijn, aangezien ze enkele tienduizenden studenten inschrijven, zijn meestal bedoeld voor studenten die zich ongemakkelijk voelen bij traditioneel onderwijs of die ervan worden uitgesloten vanwege het lage niveau van hun resultaten.

Er komen echter particuliere middelbare scholen buiten het contract die streven naar excellentie op de markt. Nu ze nog marginaal zijn, zouden ze kunnen gedijen, althans op eindniveau, vanwege de evolutie van nationale structuren en programma's, die slecht zijn aangepast aan het hoger onderwijs. Zo zijn na een reeks tegenstrijdige wijzigingen de dienstregelingen van de S-serie Geschiedenis en Aardrijkskunde verkort. Het wiskundespecialisme van de ES-reeks vormt geen echte verdieping meer. Studenten benaderen het hoger onderwijs dan ook met hiaten. Deze tekortkomingen nodigen uit tot de oprichting van een terminal die wiskunde, economie en geesteswetenschappen combineert, die overeenkomt met veel cursussen in het hoger onderwijs en niet bestaat op de huidige middelbare scholen.

Waarom stemmen leidinggevenden ermee in om hun kinderen op een privéschool te plaatsen, inclusief populaire rekrutering? Omdat ze het gevoel hebben dat hun kind daar veilig is, dat er rekening wordt gehouden met zijn persoonlijkheid en dat zijn ontwikkeling niet wordt belemmerd. Een enquête bevestigt dit: of ouders het particulier onderwijs nu persoonlijk kennen of niet, de eerste kwaliteiten die ze erin herkennen zijn de opvolging van leerlingen en de kwaliteit van het onderwijs, gevolgd door het lagere absenteïsme van leerkrachten en het aantal verminderde aantal leerlingen per klas . Examensucces en studentniveau komen veel lager op de lijst.

Dat de kwaliteit van het onderwijs zo vaak naar voren wordt geschoven, is verrassend. Inderdaad, de leraren van deze scholen worden aangeworven door dezelfde vergelijkende onderzoeken als die van het publiek... maar ze zijn minder vaak gecertificeerd en drie keer minder vaak geaggregeerd. Hun academisch niveau is daardoor lager. Bovendien is het voor een particuliere instelling bijna net zo moeilijk als voor een openbare instelling om van een leraar af te komen die geen voldoening geeft. Wij vragen ons dan ook af op welke criteria deze beoordeling door de ouders wordt gemaakt. In eerste instantie lijkt het een subjectieve indruk weer te geven. In werkelijkheid is de kracht van de particuliere sector om te profiteren van een groter aantal niet-onderwijzend personeel,

waardoor een nauwkeuriger toezicht op de leerlingen mogelijk is, om hun leerlingen te kunnen selecteren, om diegenen te elimineren wiens niveau duidelijk niet aangepast is, maar vooral om de herrieschoppers uit te sluiten.

Openbare instellingen vinden het veel moeilijker om storende mensen te straffen of uit te sluiten. De rectoraten instrueren de scholen voor secundair onderwijs dan ook systematisch om tuchtraden te vermijden. Toegegeven, uitsluiting – altijd gevolgd door scholing in een andere instelling, laten we niet vergeten – is een stevige sanctie, maar opvallend is dat er bijna nooit rekening wordt gehouden met de belangen van de andere leerlingen. Onder deze druk van hun hiërarchie verzetten sommige hoofdonderwijzers zich tegen leraren die beweren te kunnen werken en een bepaalde autoriteit te genieten. Zo heb ik een schoolhoofd bezwaar zien maken tegen de uitsluiting van een leerling die een van zijn klasgenoten aan een kapstok haakte en bij een andere gelegenheid een stoel door de klas gooide, die net boven het hoofd van een kameraad tegen de muur stortte. De directeur achtte het relevanter om de leerkrachten van de klas in te schrijven voor een tweedaagse cursus over "het omgaan met gewelddadige leerlingen". Je kunt je zo'n houding niet voorstellen in de privésector.

Uit een enquête uit 2011 bleek dat de grootste zorgen van ouders over hun kinderen de school sterk betroffen: afpersing, agressie en gevaarlijke spelletjes (hoofddoekspel enz.) [2] . We merken ook het belang op dat wordt gehecht aan de overdracht van traditionele waarden, een sterk punt van de privéschool voor een derde van degenen die hun kinderen eraan toevertrouwen. Op de middelbare school gaat het verzoek van de ouders dus in de eerste plaats om de zorg en aandacht voor hun kind. Zijn welzijn, zijn opvoeding, zijn veiligheid, de aandacht voor zijn persoonlijkheid gaan vooraf aan de prestaties, vooral voor jonge kinderen. Het is duidelijk dat er groeiende twijfel bestaat over het vermogen van openbare instellingen om aan deze eisen te voldoen.

Naarmate studenten ouder worden, gaat instructie boven onderwijs. Particuliere instellingen zijn zeer alert op hun resultaten; soms te veel, zoals de volgende anekdote laat zien. Op een dag raakte ik geïntrigeerd in een baccalaureaatjury waarvan ik voorzitter was [3], vanwege het feit dat verschillende vrije kandidaten een "goede" vermelding kregen. Zelfstandige kandidaten zijn echter over het algemeen studenten die meerdere keren zijn gezakt voor het examen en een zeer laag niveau hebben. Ik heb daarom de dossiers van deze kandidaten geraadpleegd en vastgesteld dat ze allemaal afkomstig waren van een prestigieuze instelling, het Maison d'éducation de la Légion d'honneur, die ze liever niet onder zijn naam had gepresenteerd om geen risico te nemen met de lagere testteleurstelling die zijn status zou kunnen hebben verkleurd. Het verhaal is oud en potentiële praktijken zijn veranderd in deze stichting. Toch doen tal van vertrouwensscholen dit; wat de prachtige resultaten waarnaar eerder werd verwezen relativeert.

Heiligdommen van grootsheid van de conservatieve school, de voorbereidende klassen voor de Grandes Ecoles zijn altijd het voorrecht geweest van de enorme openbare middelbare scholen, vooral in Parijs. Deze onvergelijkbaarheid wordt momenteel ondermijnd. Op basis van de positionering die door L'étudiant is verspreid, heb ik me geconcentreerd op de synthese van de tien beste voorbereidende klassen in elk van de zes gebieden die aanleiding waren voor de belangrijke wedstrijden in 20156. littéraires, sept des dix meilleures prepas scientifiques, entre deux et quatre des meilleures prepas commerciales. Mais le privé sous contrat lié à bepaalde ordres religieux est en hausse. Lui aussi bénéficie d'une longue custom d'excellence et il voorstellen souvent des condition d'encadrement in aanvulling op attenties à chaque élève que les grands lycées parisiens. Het lycée Sainte-Geneviève fête ainsi child centenaire avec un premiere place en prépa scientifique.

Vraag creëert aanbod

In het hoger onderwijs is de evolutie nog duidelijker. 80% van de stijging van het aantal studenten in de afgelopen tien jaar is gekoppeld aan particuliere opleidingen [4]. Deze schrijven nu 18% van de studenten in, vergeleken met 13% in 1990. In de wetenschap daalde tussen 2004 en 2012 het aantal studenten op de universiteit buiten de geneeskunde en steeg met 40% op medische scholen. niet-universitaire ingenieurs en met name 45% in de privésector. De zwakheden van de universiteit (zie het vorige hoofdstuk) openen ook ontwikkelingsperspectieven voor de private sector. Zo heeft de privécursus van Clapeyron in juli 2014 een overeenkomst getekend met Paris-Ouest waardoor haar studenten rechtstreeks worden toegelaten tot het tweede jaar economie-management aan deze universiteit. Om deze cursussen in een kleine groep te volgen, kost het 4.880 euro per jaar [5].

Particuliere scholen gedijen waar vraag is. Dit wordt gevoed door twee verschillende drijfveren: toegang tot werk en de smaak van jongeren.

Hoe kan de aantrekkelijkheid van werk beter worden geïllustreerd dan aan de hand van zorgverleners? Dit beroep is relatief ongeschoold, aangezien het niet nodig is om het baccalaureaat te hebben om het uit te oefenen. Ze wordt slecht betaald: volgens INSEE verdient slechts een kwart van de zorgverleners meer dan 1.500 euro per maand, en het aandeel precaire contracten is hoog. Het is pijnlijk: het werk bestaat erin de zieken te helpen wassen, ze te verplaatsen, ze maaltijden te brengen, hun gezondheidstoestand te bewaken, onder het gezag van de verpleegsters. Werving vindt plaats onder houders van een staatsdiploma, wat gezien het initiële opleidingsniveau van de kandidaten niet erg eenvoudig is. De vierhonderd scholen die zich voorbereiden op dit diploma zijn echter duur (tussen de 2.000 euro en 5.000 euro voor zes tot tien maanden) en zitten vol. De reden ? Een werkloosheidspercentage van minder dan 3% voor dit beroep dat door de jaarlijkse enquête over de behoeften aan arbeidskrachten als "onder druk" wordt beschouwd, betekent dat er in 2015 tekorten moeten worden gevreesd.

Toegang tot werk is goud waard in een door werkloosheid verstikte samenleving. Het onredelijke collegegeld dat gezinnen met lage inkomens bereid zijn te betalen, staat in verhouding tot hun bezorgdheid over de toekomst van hun kinderen.

Voor hulpkrachten in de kinderopvang is de situatie min of meer hetzelfde, met als extra attractie een beroep gericht op kinderen. Privéscholen vermenigvuldigen zich om zich voor te bereiden op wedstrijden in alle paramedische beroepen, banen veilig te stellen met een goed imago, zo niet goed betaald.

De ontwikkeling van de STS-privé-accounts is geïndiceerd in de manier waarop de professionele formaties toegang hebben tot het personeel. Het is mogelijk dat er een kans bestaat dat er meerdere openbare homologen zijn, en dat ze een deel van de kosten vergoeden (auto van 4 000 euro voor een BTS-informatica, bijvoorbeeld). In feite, les quota's géintroduceerd in 2014 par le minister dans les STS publiques en faveur des bacheliers professionnels et technologiques écartent les bacheliers généraux, qui, pourtant, sont souvent les meilleurs éléments de ces classes. Als u zich zorgen maakt over quota's, kunnen STS-privé's de beste leerjaren en de beste resultaten verkrijgen.

De lange traditie van deze openbare en particuliere instellingen maakt de opkomst, in deze zeer gesloten club, van particuliere instellingen zonder contract bijzonder opmerkelijk. Deze instellingen, die onlangs zijn opgericht, worden gestraft met een veel duurder collegegeld (ongeveer 8.000 tot 9.000 euro per jaar) dan particuliere middelbare scholen onder contract. Toch hebben ze een plekje in de zon weten te vinden, aangezien IPESUP veruit de beste economische en commerciële voorbereiding in Frankrijk is. Op dit gebied domineert voorbereiding met winstoogmerk nu de ranglijst en het zou niet verwonderlijk zijn als deze ontwikkeling

strekt zich uit ; vooral omdat de meest geavanceerde dure voorbereidende cursussen vaak kleine aantallen hebben, waardoor ze worden uitgesloten van de ranglijst, die ze zullen domineren als ze hun aantal hebben uitgebreid.

Opgemerkt dient te worden dat het gewicht van de privésector in de verschillende sectoren evenredig is met de rentabiliteit van diploma's in termen van aanvangssalaris. Maar de specificiteit van de economische en commerciële voorbereidingen komt ook voort uit het feit dat ze leiden tot betalende scholen. De cultuur van deze sector is daarom al lang verenigbaar met hoge collegegelden.

Hoe slagen niet-contractuele onderhandse voorbereidingen erin om ouders te overtuigen om te betalen als er een goed gratis aanbod is? Waarom zouden excellente studenten betalen als ze door de beste gratis voorbereiding een hele goede kans hebben om op een goede school terecht te komen? Het antwoord is eenvoudig: u moet voorop lopen, een plaats die IPESUP heeft verworven in de economische en commerciële voorbereiding. Om dit te bereiken, wetende dat het niet de goede scholen zijn die goede leerlingen maken, maar het omgekeerde, heeft IPESUP systematisch geprospecteerd. Tot 1995 duurde de commerciële voorbereiding een jaar. Veel studenten zaten dit jaar in herhaling nadat ze in aanmerking kwamen en niet slaagden voor het mondeling. Ze hadden dus een zeer goede kans om, met nog een jaar en veel ervaring, een jaar later de beste scholen te integreren.

Het GLB Hoger Onderwijs is niet anders overgegaan van bijles naar het organiseren van een voorbereidend jaar. In 2013 lanceerde het bedrijf Cap Cube, een voorbereiding speciaal voor tweedejaars repeaters (de

" kubussen "). De formule is gebaseerd op de combinatie van lessen in de lokalen van de school, in kleine aantallen vanwege de krappe omstandigheden, en lessen aan huis, een zeer gecontroleerde formule die het mogelijk maakt om in te spelen op de belastingvoordelen en studenten te werven op school. , beduidend goedkoper dan hoogleraren. Door haar studenten goed te kiezen, heeft Cap Cube uitstekende resultaten behaald bij haar eerste promotie, wat haar geloofwaardigheid geeft waardoor ze haar uitbreiding kan overwegen.

Als u een strategie hanteert die standaard lesvoorbereidingen privé plaatst, kan het voorkomen dat u parfois gebruikt of standaard bepaalde openbare publicaties (!) : de recrutement-studenten die een eigen filière hebben die standaard lesteksten officieel zijn. Depuis des années, surees prepas reservées aux bacheliers ES ou STIDD (sciences et innovations de l'industrie) accueillent (illlégalement) des bacheliers S. Pour maquiller cette entorse aux règlements, surees prepas privées textual style repasser un

bac ES naar hun financiële studenten van S, wat voor hen weinig problemen oplevert, na een tijd van paraatheid en alleen de tests voor wiskunde en financiële zaken en sociologie die moeten worden afgelegd. Deze methode om het spel niet te spelen voorkomt dat de acties van de staat de gebieden opnieuw in evenwicht brengen en de afbeeldingen veranderen. Deze nukkige, zelfs ronduit onwettige plannen zijn een behoorlijke weergave van wat een raamwerk open gebieden van kracht overkomt om grote, oplosbare studenten aan te trekken.

Scholen voor beroepsonderwijs

Ook de grote particuliere bedrijfs- en technische scholen groeien sterk. Het probleem voor deze bedrijven is de sterke concurrentie van goed presterende openbare of associatieve scholen. Daarom proberen ze ofwel gelijke tred te houden met nieuwe eisen van werkgevers, ofwel hun hoge kosten te compenseren met minder selectiviteit. Hun vorderingen zijn soms verbluffend: een op de drie ingenieursstudenten zit nu op een privéschool, ondanks het feit dat openbare scholen bijna gratis zijn.

In tegenstelling tot prépas en lycées werven particuliere instellingen voor hoger onderwijs hun personeel over het algemeen van buiten de staat. Hun juridische status is divers: verenigingen, bedrijven (vaak geïntegreerd in groepen), structuren aangesloten bij kamers van koophandel. Ze hebben vaak winstoogmerk. Ze worden alleen gefinancierd door het collegegeld, maar kunnen ook profiteren van de toekenning van de leerlingbelasting aan scholen. Ze hebben dan ook een bijzonder belang bij het onderhouden van hun goede relaties met bedrijven.

Deze privéscholen bieden professionele opleidingen aan die een goede toegang tot werk bieden of die beantwoorden aan de dromen van tieners (piloot, dierenarts, ontwerper van videogames, stylist, enz.). Computeropleidingen zijn bijvoorbeeld gericht op internet, omdat traditionele openbare opleidingen achterlopen bij het vaststellen van behoeften en omdat internetbanen jonge mensen aantrekken. Verschillende business schools richten zich op luxe, waardoor jonge mensen uit zeer welgestelde milieus hun persoonlijke kennis van het onderwerp, hun sociale netwerk en hun uitstekende presentatie kunnen vergroten.

Door met eigen geld een computerschool op te richten, heeft de baas van Free, Xavier Niel, duidelijk aangetoond dat het bestaande aanbod niet aan de behoeften van zijn bedrijf voldeed. Docenten informatica aan universiteiten weten natuurlijk dat het nodig is om webdesigners, business architecten,

smartphone -applicaties, IT-beveiligingsspecialisten, enz. Maar universitaire opleidingen passen zich vaak maar langzaam aan.

De wet illustreert goed het vermogen van particuliere scholen om te investeren in gebieden waar een tekort wordt waargenomen. Met medicijnen is het de enige prestigieuze professionele sector waarin er geen grote school is. Maar de laatste jaren floreren allerlei initiatieven om dit te verhelpen. HEAD (School of Advanced Applied Law Studies) mobiliseert leraren uit Paris-I en professionals in dienst van multidisciplinair onderwijs. Voor 12.800 euro per jaar biedt deze school cursussen Frans en Engels op masterniveau aan. Het levert ook een LLM (Angelsaksisch diploma, equivalent voor MBA-recht) af. Het wacht op officiële erkenning, wat waarschijnlijk enkele jaren zal duren. Science Po Paris heeft ook een rechtenfaculteit opgericht, in de tweede en derde cyclus. De grote business schools bieden ook masters in het ondernemingsrecht aan. Deze initiatieven vormen het embryo van toekomstige grote rechtsscholen, waarvan we kunnen zien dat ze erg kostbaar zullen zijn, zowel publiek als privaat. Het verschil tussen de twee is ook moeilijk waar te nemen.

Het gaat er dus niet om het nut en de effectiviteit van particuliere scholen te ontkennen, maar om te betreuren dat de opleidingen die het beste aansluiten bij de arbeidsmarkt zo kostbaar zijn voor gezinnen.

Ontwikkeling is ook erg sterk in de toepassingen van computers in het onderwijs. Publieke macht kanaliseert innovatie, met het risico deze te verstikken. Het onvermogen van het Ministerie van Nationaal Onderwijs om tot nu toe de computer in de klas te introduceren, heeft integendeel de weg vrijgemaakt voor particuliere initiatieven. Frankrijk heeft echter troeven om op dit gebied uit te blinken: een briljante software-, videogames- en computerservice-industrie, overheidsfinanciering voor permanente educatie, de betrokkenheid van publieke actoren zoals de Public Investment Bank (BPI) of de Franse digitale universiteit (FUN).

De convergentie tussen onderwijs en IT gaat snel om een gediversifieerd en innovatief online trainingsaanbod te creëren. Een ecosysteem van e-learning- en onderwijstechnologieën, de "EdTechs", lijkt uit te broeden in Frankrijk, gesymboliseerd door de uitdrukking "French Touch Education" naar analogie met de enige Franse muzikale beweging die erin is geslaagd om vanuit Mauritius te exporteren. Ridder of bijna. De conferentie georganiseerd door LearnAssembly in december 2014 was een goede illustratie van deze convergentie:

sprekers kwamen van grote scholen (ESSEC, SKEMA [School of Knowledge Economy and Management], etc.), start-ups die online trainingen aanbieden

(Openclassrooms, 360 Learning, etc.), certificering (Cocertify, ProctorU), ondersteunende cursussen (Acadomia) , educatieve games (Magic Makers), educatieve apps voor smartphones en tablets (Myblee, EduPad, enz.), maar ook instellingen (BPI, FUN, enz.), IT (Microsoft, Codewire, enz.) of rekrutering (Link Humans) . Verrassend genoeg waren schooluitgevers afwezig.

EdTech-bedrijven richtten zich oorspronkelijk op de markt voor permanente educatie voor bedrijven, die de verdienste heeft reëel en solvabel te zijn. Maar ze raakten al snel geïnteresseerd in educatieve spellen, die Franse start-ups weten te exporteren naar de Verenigde Staten. Er ontbreekt nog een essentiële schakel om de school te investeren: de algemene uitrusting van de leerlingen in computers of tablets.

Ze verkochten een deel van hun bejaardentehuizen tegen goede financiële voorwaarden en herinvesteerden het kapitaal in de aankoop van computerscholen, vanuit het idee dat hun vaardigheden in het bouwen en beheren van instellingen voor het ontvangen van publiek effectief konden worden toegepast in het onderwijs. Ze stelden zich tot doel om in alle grote steden aanwezig te zijn om een merk op te bouwen en deden een beroep op een investeringsfonds om hun ontwikkeling te financieren.

Het moet niet worden voorzien dat ICT buiten de fundamenten blijft. Mijn middelbare school heeft bijvoorbeeld een armada van 450 pc's, voor 1.800 leerlingen van verschillende niveaus. Op deze manier is het denkbaar om met behulp van pc's leerzame groepen te bouwen, aangezien er een specifieke ruimte wordt gehouden en er tijd kan worden vrijgemaakt in programma's die vaak omvangrijk zijn. Toch is het een volkomen uniek verschil om over te stappen op geïndividualiseerd computergebruik. Ik stel mijn eerste en enige jaar studenten in staat om aantekeningen te maken op een geavanceerd medium (pc, tablet, telefoon met externe console), maar nauwelijks de helft maakt gebruik van deze open deur, beide omdat ze niet in de meeste verschillende cursussen - in feite verbieden de interne richtlijnen het gebruik ervan - en omdat het hebben van geautomatiseerd leesmateriaal in alle formaten buitengewoon verwarrend zou zijn. Hoewel een paar vertrouwelijke stichtingen all-in zijn gegaan en tegen het begin van het jaar studenten hebben uitgerust met een machine vol met alle cursusboeken, lijkt het een uitdaging om hier terrein te winnen zonder aandrang van buurtspecialisten of de staat. . Dit zou snel kunnen worden gedaan, de significante niveaus van de bestedingsplannen veranderen en de kaarten volledig opnieuw toewijzen.

Waar komt het geld vandaan?

Wanneer middelbare scholieren naar hoger onderwijs worden geleid, gonzen lerarenforums, net als die van studenten, steeds vaker met vragen onderbroken door acroniemen: "Wat is de ESIA waard? », « Wie heeft er gehoord van de CSFMG? », « Is het beter om naar GEM of ESC Rennes te gaan? » De tijd dat oriëntatie was om te kiezen tussen prepa's en universiteiten is voorbij. Maar waar komen deze particuliere scholen vandaan, die tien of twintig jaar geleden nog niet bestonden? Hoe konden ze zo snel ontstaan?

Verrassend genoeg komt het geld voor deze particuliere scholen eerst uit investeringsfondsen. Onderwijs lijkt het nieuwe eldorado van private equity te zijn, die high-end investeringsfondsen die hebben geïnvesteerd in klinieken en bejaardentehuizen. De Bordeaux-groep Auvence heeft ook een deel van zijn bejaardentehuizen verkocht om informatica- en ontwerpscholen te kopen. Dit is verrassend omdat het, ondanks de prijsstijgingen, moeilijk lijkt om significante winstmarges te genereren in het hoger onderwijs. Het feit dat consulaire scholen zoals HEC, ondanks hun prestige, alleen financieel evenwicht kunnen bereiken met de bijdrage van de kamers van koophandel, getuigt van de moeilijkheid om hoge winstgevendheid uit het onderwijs te halen. Maar misschien is prestige gekoppeld aan een dure kwaliteit van dienstverlening?

Een nadere studie van de Auvence-groep geeft een

beter inzicht in de oorsprong van de fondsen en de logica van de investeerders. Auvence werd in 2006 opgericht in de regio Bordeaux door twee voormalige judoka's van hoog niveau die makelaars werden. Ze kochten gemedicaliseerde bejaardentehuizen die moesten worden gerenoveerd en werden vervolgens, van bouwspecialisten, beheerders van deze instellingen. Ze bezaten ongeveer vijftien etablissementen en beweerden er maximaal vijftig te willen verwerven. Ze realiseerden zich echter dat ze niet in staat zouden zijn om de kritische omvang te bereiken in het aangezicht van reuzen die soms bijna tweehonderd vestigingen hadden. In 2010 besloten ze daarom om zich terug te trekken uit de sector.

123venture is een durfkapitaalbedrijf dat hoogrentende of belastingontwijkende investeringen aanbiedt aan vermogende particulieren. De door dit bedrijf gecreëerde fondsen kopen en verkopen in een redelijk gestaag tempo participaties in niet-beursgenoteerde bedrijven. Ze lenen ook geld aan bedrijven door obligaties te kopen, eventueel converteerbaar in aandelen, die deze bedrijven uitgeven om hun ontwikkeling te financieren. Geïnteresseerd in kleine bedrijven, die inherent kwetsbaar zijn, neemt het fonds aanzienlijke risico's. Deze kunnen worden beloond met een hoog rendement, aangezien kleine bedrijven een groot groeipotentieel hebben. De belangrijkste reden voor de investeringen van 123venture is echter hun fiscale aantrekkelijkheid. [7]. Uit de rekeningen van 123venture blijkt dat de winstgevendheid van hun fondsen de afgelopen jaren niet erg sterk is geweest.

Veel fondsen verliezen geld voordat ze hun posities doorverkopen, wat betekent dat ze kopers moeten vinden om hun situatie in evenwicht te brengen. Maar als rekening wordt gehouden met de belastingvoordelen, is de winstgevendheid veel beter.

Investeringen in onderwijs zijn op korte termijn niet per se erg rendabel. Maar de waarde van scholen is ook gebaseerd op hun onroerend goed, dat toeneemt naarmate de prijzen stijgen en hen een goede financiële stabiliteit geeft voor kmo's. Het is duidelijk dat het voor een investeerder beter is om een bedrijf te kopen waarvan de waarde is gebaseerd op panden in het stadscentrum dan machines met een beperkte levensduur of de vaardigheden van teams die uiteen dreigen te vallen.

Onderwijsuitgaven zijn niet erg gevoelig voor economische omstandigheden. Bovendien explodeert de schoolmarkt, zodat de investeerder die zijn geld wil terugnemen vrij gemakkelijk doorverkoopt. Ten slotte kunnen we ervan uitgaan dat de vraag zal blijven groeien en, gezien het recente verleden, kunnen we ernstig twijfelen aan het vermogen van National Education om hieraan te voldoen. De komst van investeringsfondsen is dan ook logisch. Bovendien merken we dat degenen die geïnteresseerd zijn in onderwijs over het algemeen specialisten zijn in de hotelindustrie of gezondheid, persoonlijke diensten die een grote vastgoedportefeuille vereisen.

Deze logica brengt uiteraard risico's met zich mee. "Ik ben verheugd dat de keuze viel op Apax Partners, die de filosofie van het managementteam van INSEEC deelt: waardecreatie op het gebied van onderwijs is in de eerste plaats gebaseerd op de kwaliteit van de opleiding [8] ", zegt Catherine Lespine, algemeen directeur van de INSEEC-groep, die met name bedrijfs-, management- en communicatiescholen samenbrengt. Eigenlijk had niemand verwacht hem te horen zeggen dat de strategie van de groep gebaseerd was op kostenverlaging. Desalniettemin is kwaliteit duur en liggen de prijzen nu dicht bij het maximum dat gezinnen zich kunnen veroorloven. De verleiding om het aantal werknemers uit te breiden of lesuren te verminderen om de winstgevendheid op korte termijn te vergroten en de aandeelhouders tevreden te stellen, is daarom reëel.

De komst van investeringsfondsen markeerde de overgang naar een tweede generatie lucratieve particuliere scholen. De oprichters hebben hun school opgezet met behulp van banken en langzaam ontwikkeld, door interne groei. Het beroep op externe financiers beantwoordt aan de wens om de groei van het bedrijf te versnellen of stemt overeen met de transmissietijd. Het vertaalt zich in integratie binnen steeds grotere groepen. Zo heeft Ionis ongeveer twintig ingenieurs-, bedrijfs-, computer- en ontwerpscholen. Studialis is een groep van vierentwintig scholen, gericht op handel en creatie, INSEEC heeft veertien scholen (waaronder Supsanté, de medische voorbereiding die we al hebben ontmoet [zie p. 14]). De opleiding Pigier, al tientallen jaren beroemd om zijn secretariële opleiding (opgericht in 1850),

Tegelijkertijd stimuleert de interesse van grote groepen makers, die kunnen hopen hun bedrijf te verkopen en zo na een paar jaar de jackpot te winnen, naar het model van de 'nieuwe economie' die door het internet wordt aangetrokken. Crossknowledge, een klein bedrijf in Suresnes dat gespecialiseerd is in afstandsmanagementonderwijs, werd in 2014 voor 175 miljoen dollar uitgekocht door de Amerikaanse groep Wiley.

De sector trekt dan ook start-ups aan, opgericht door doorgewinterde business professionals of door jonge docenten. Volgens L'Express [9] is het herfst 2014 die van fondsenwerving: 900.000 euro voor Lelivrescolaire.fr, 1,2 miljoen euro voor Kartable en voor 360Learning, 3,2 miljoen euro voor Coorpacademy.

In deze eerste consolidatiefase stellen we de virtuele afwezigheid vast van groepen die puur gericht zijn op onderwijs. Montefiore werd gelanceerd door een voormalige baas van ACCOR, een wereldwijde hotelgigant. Het gespecialiseerde Octant-fonds werd gelanceerd door miljonair Robert Zolade (85e Franse fortuin). Achter Studialis staat het Zwitserse fonds Bregal, gelanceerd door de familie Brenninkmeijer, eigenaren van de C&A-winkels. We hebben het gevoel dat deze mensen tegen zichzelf zeiden dat het tijd was om aan onderwijs zoals fastfood of distributie te denken en dat hun vaardigheden hen in staat stelden om in deze markt te investeren.

De tweede consolidatiefase is de start van grote fusies en overnames, zoals in andere sectoren. Eind 2013 werd INSEEC door de eigenaar, de Amerikaanse reus Career Education Corporation, verkocht aan Apax Partner voor de mooie som van 200 miljoen euro. Apax is een krachtig investeringsfonds, dat Altran Technologies en Alain Afflelou in zijn bezit heeft. Deze fase kan worden verklaard: "De kracht van de INSEEC-groep is de omvang, de sterke internationale aanwezigheid, het brede aanbod aan programma's en het netwerk van alumni", zegt mevrouw Lespine. [10]. We zouden natuurlijk "INSEEC" kunnen vervangen door de naam van een andere groep.

De groepen proberen in het onderwijs te doen wat in andere activiteiten (niet altijd) gelukt is: goede praktijken overdragen. Opgemerkt moet worden dat er zeer weinig opleidingen zijn in ... het beheer van onderwijsinstellingen . In deze sector blijven de succesrecepten zeer empirisch, zelfs onzeker. Zozeer zelfs dat een groep zal proberen om succesvolle ideeën op de scholen te verspreiden, op het gebied van management, pedagogie of rekrutering, door informatie te verspreiden of door een kleine onderzoekseenheid op te richten.

Door de grootte van een groep kan hij formaties bouwen zoals Lego, door stenen te combineren, volgens de specialisaties die beschikbaar zijn in de verschillende scholen. Zo wordt voorkomen dat studenten zich te eng moeten specialiseren, of komen ze zelfs dubbel op de arbeidsmarkt . Voor een computerschool is het echter niet eenvoudig om goede managementcursussen te geven. Een groep met gespecialiseerde scholen zal dit veel gemakkelijker kunnen doen. Dankzij deze verscheidenheid aan opleidingen is het zelfs mogelijk om cursussen à la carte aan te bieden in de verschillende scholen van de groep.

Een ander sterk punt van de groepen is hun aanwezigheid in meerdere landen, wat de organisatie van stages en mobiliteit bevordert en het mogelijk maakt om buiten de grenzen bekend te worden en buitenlandse studenten te werven. De obsessie van scholen is inderdaad om een merk op te bouwen.

Branding

Als de studenten op de forums eindeloos discussiëren om erachter te komen of de ene school beter is dan de andere, is de vrederechter over het algemeen het merkimago, dat tot uiting komt in de keuzes van de studenten: van de studenten die op twee scholen zijn toegelaten, hoeveel kies de eerste en hoeveel de tweede? Een van de uitdagingen bij het opzetten van grote groepen is het creëren van sterke merken, wat tijd en middelen kost. Omdat dit de merken zijn die studenten aantrekken en hoge prijzen rechtvaardigen. Vijftigers met meerdere professionele successen worden voor het eerst gepresenteerd als "oud-leerlingen van de ENA",

"X-ENSAE", enz. Studenten weten dat het merk waarmee ze geassocieerd worden hen hun hele carrière zal blijven volgen. Lang nadat ze zijn vertrokken, zijn ze meestal enthousiaste supporters van hun school.

Omgekeerd, in de jungle van acroniemen die allemaal op elkaar lijken, is het moeilijk je weg te vinden. Heel vaak zeggen studenten tegen me: "Ik word naar de ESCE gebracht. Het is goed ? Ze slaagden voor de wedstrijd en schreven zich in voor vijf jaar zonder het niveau en de specifieke kenmerken van de school nauwkeurig te kunnen beoordelen. Het merk is een antwoord op deze onzekerheid. Prestigieuze merken zijn dan ook zeer gewild.

Maar het opbouwen van een merk kost tijd. De

sites van grote onderwijsinstellingen tonen nog steeds foto's van neogotische kapellen, bibliotheken met panelen, majestueuze frontons, afgestudeerden in toga's. Hun logo is een wapenschild versierd met middeleeuwse symbolen. Halverwege tussen Harry Potter en The Name of the Rose is deze symboliek een belangrijke garantie voor echtheid. De verwijzing naar gebruiken wordt vermenigvuldigd met de opsomming van gerenommeerde senioren. Parijzenaars die zijn gewend aan het verwoeste tafereel van onvoorbereide studiezalen en ijskoude terrassen van de Sorbonne, kunnen zich de kracht van deze rechttoe rechtaan naam in de wetenschappelijke wereld niet voorstellen.

Organisaties die dit soort erfenis niet kunnen exploiteren, zijn veroordeeld tot een serieus werk van presentatie, overtuiging, aanwezigheid in de diagrammen (wat we zullen zien is exorbitant), het bouwen van uitgebreide en uitzonderlijke structuren. Om het duidelijk te zeggen, de kwestie van het merk omvat gewichtige speculatie. De bijeenkomsten worden duidelijk verleid om een school met een merk te kopen en de voordelen uit te breiden naar hun scholen in het algemeen.

Tot slot, de zwaarte van niet-openbare scholen neemt op deze manier ongetwijfeld toe, op alle niveaus van het schoolsysteem. Het aantal leerlingen dat hij lesgeeft neemt toe, evenals zijn posities in de pikorde van scholen. De verzwakking van door de staat gefinancierde scholen sinds het midden van de jaren 2000 opent kansen voor het verbreden van privéstukken van de taart, waardoor de manier van leven van gezinnen wordt belast. De meest verrassende bijzonderheid is de verbetering van particuliere, zakelijke, liefdadigheidsorganisaties op professioneel gebied. Deze scholen zijn dus voornamelijk aanwezig in het voortgezet onderwijs. Hun aanpassingsvermogen en hun vermogen om vooruitgang te boeken zijn intrigerend, vooral omdat ze afhankelijk zijn van aanzienlijke financiële macht.

Franse ouders zijn echter minder bereid te betalen voor het onderwijs van hun kinderen dan die in Azië of Angelsaksische landen. Volgens een onderzoek uitgevoerd door de Britse bank HSBC in 2014 [11] begrijpt slechts 50% dat men moet betalen om te studeren, tegenover 75% tot 80% elders. Ze zijn er ook het minst van overtuigd dat onderwijs de beste investering is die ze voor hun kinderen kunnen doen.

Hoe het ook zij, gespecialiseerde privéscholen vormen nu een integraal onderdeel van het hoger onderwijs, naast de universiteit en de Grandes Ecoles. Deze verandering kan de devaluatie van de universiteit alleen maar versnellen en de ongelijkheden in verband met het gezinsinkomen aanzienlijk versterken tussen de minderheid van degenen die toegang hebben tot deze scholen en degenen die buiten hun deur blijven.

Hoofdstuk 6 Opmerkingen

1. Presentatie van de Cours Molière op haar website , www.cours-moliere.com.

2. TNS SOFRES, "De moeilijkheden en verwachtingen van ouders", november 2011.

3. Het baccalaureaat dat toegang geeft tot de universiteit, de baccalaureaatjury's worden formeel voorgezeten door een universiteitsprofessor. Maar hij komt zelden en is zelfs in dit geval niet bekend met de procedures. Binnen de jury wordt daarom een vicevoorzitter aangesteld, die effectief de taken van voorzitter op zich neemt.

4. INSEE, Dertig jaar economisch en sociaal leven, INSEE, Parijs, 2014 , www.insee.fr.

   1. Geconfronteerd met de opgewekte emotie kondigde de president van Paris-Ouest in 2014 echter aan dat hij deze overeenkomst wilde opzeggen.

2. Economie en handelseconomie (1) of wetenschappelijk (2), wetenschappelijke wiskunde natuurkunde

   (3) of natuurkunde-scheikunde (4), letterkunde en sociale wetenschappen (5) of letterkunde (6).

   3. Het afdekken van fiscale achterpoortjes sinds 2013 zou echter zeer negatieve gevolgen kunnen hebben voor deze fondsen.

4. APAX Partner persbericht, 24 oktober 2013.

5. Emanuel DAVIDENKOFF, "Topleraren ",
www.lexpress.fr, 5 december 2014.

6. Christine L.AGOUTTEen Yann L.EGALES, "De groep INSEEC wil op 27 januari 2014 wereldleider worden in luxetreinen.

7. *HSBC wereldwijd rapport. De waarde van onderwijs, Springplank naar succes* , september 2014.

7

De wereldwijde kennismarkt

"Opbeurend nieuws voor de mensen die schoolverandering zien als een methode om geld binnen te halen: een ander rapport schat de wereldwijde opleidingsmarkt op $ 5,4 biljoen van elke 2015 [tegen $ 27 miljard in 1995]1. »

VSande heeft de resultaten van de voorbereidingen van de middelbare school in Quesnay geboren en is ongelooflijk: bijna de helft van de studenten ging naar over het algemeen uitstekende scholen, van wie er twaalf naar École Polytechnique gingen. In ieder geval, benadrukt de individuele verantwoordelijke voor de prepas, zullen de klassen over een jaar de meest leegstaande zijn die de stichting heeft gekend. Dit wordt duidelijk gemaakt door de toename van late troonsafstanden van studenten die in Quesnay worden gehouden, maar ook worden meegenomen naar McGill (Canada), Cambridge of Londen en die de zeewaartse wind verkiezen boven de problemen van wiskunde sup.

Mensen storten zich aanzienlijk effectiever dan voorheen volledig in het diepe einde van de globalisering. Ook scholen. Deze eigenaardigheid is coherent beredeneerd vanuit het bovenstaande. Met inbegrip van de opkomst van het zakelijke privégebied, de toename van de bereidheid van gezinnen om te betalen, de productie van bijeenkomsten met een sterke financiële basis, de zwaarte van het Engels en de noodzaak om de wereld te vinden tijdens je examens, concludeert men dat Frankrijk rijp is om toe te treden de wereldwijde onderwijsmarkt die zich snel voor onze ogen ontvouwt. Dit hoofdstuk vertelt daarom een verhaal over grote financiële groepen en planetaire strategieën. Het voelt een beetje alsof je van vuuroorlogen naar sterrenoorlogen gaat en toch gebeurt het dicht bij huis.

De eerste globalisering

Ondanks de onnauwkeurigheid van dit soort metingen, schatte de Unesco (organisatie van de Verenigde Naties voor onderwijs, wetenschap en cultuur) dat er in 2014 minstens 4,5 miljoen mensen in het buitenland studeerden, een aantal dat in tien jaar tijd is verdubbeld en in een steeds sneller tempo groeit. De helft is geconcentreerd in de top vijf van gastlanden: Verenigde Staten (19%), Verenigd Koninkrijk (11%), Australië (8%), Frankrijk (7%) en Duitsland (6%). Andere bronnen geven iets andere resultaten, waarbij Frankrijk voor Australië en Duitsland staat. Bovenal vergeet Unesco China, op de derde plaats gerangschikt door het Institute of International Education, een Amerikaanse vereniging.

290.000 "internationale" studenten [2] » ingeschreven waren in Franse instellingen voor hoger onderwijs in 2012-2013. Zij vertegenwoordigden één op de acht studenten. In het Verenigd Koninkrijk en Australië, landen die gespecialiseerd zijn in hoger onderwijs, komt een op de vijf studenten uit het buitenland. Opgemerkt moet worden dat Frankrijk erin is geslaagd zijn "marktaandeel", om de uitdrukking van de OESO te gebruiken, te behouden, terwijl dat van de Verenigde Staten is ingestort sinds het

28% in 2001. De Verenigde Staten blijven aantrekkelijk, maar hebben te maken met veel sterkere concurrentie dan in het verleden.

De globalisering van studentenwerving leidt tot concentratie. De beste universiteiten ter wereld verwelkomen vandaag tot ver over de landsgrenzen. Moocs (online cursussen) zijn een zeer goede manier om talentdetectie op te schalen. In 2013 was een 12-jarige Pakistaanse vrouw de ster van het Davosforum, dat ondernemers en politici samenbrengt om wereldaangelegenheden te bespreken. Geïnterviewd door een ster van de Amerikaanse journalistiek, zegt Khadija dat ze zich op tienjarige leeftijd inschreef voor een online cursus over kunstmatige intelligentie, aangeboden door het gespecialiseerde bedrijf Udacity. Na het succesvol (!) afronden van de opleiding schreef ze zich in voor natuurkunde en kreeg de hoogste waardering. Een ander klein genie kreeg een vliegticket om zijn studie in de Verenigde Staten voort te zetten. Met dit soort anekdotes kunnen Amerikaanse universiteiten het idee uitdragen dat ze de meest briljante geesten ter wereld bij elkaar brengen.

Het fenomeen is natuurlijk cumulatief: hoe meer de reputatie van bepaalde universiteiten stijgt, hoe meer goede studenten van alle achtergronden daar naartoe willen, wat het niveau verder verhoogt. Zo is de London School of Economics bijna ontoegankelijk geworden voor mijn studenten, in concurrentie met heel veel Chinese en Indiase studenten, van zeer hoog niveau... en die aanzienlijk hogere collegegelden betalen. In de Verenigde Staten komen meer promovendi van de Chinese Universiteit van Tsinghua, waar je, net als ik, nog nooit van hebt gehoord, dan van welke Amerikaanse universiteit dan ook! Meer dan de helft van de wetenschappelijke en technische doctoraten die sinds 2006 aan Amerikaanse universiteiten zijn uitgereikt, is toegekend aan internationale studenten, voornamelijk Chinezen, Indiërs en Koreanen.

Een andere reden voor deze snelle opkomst is juist de opkomst van ontwikkelingslanden. Onder de Chinese of Indiase elites bevinden zich nu tientallen miljoenen gezinnen die de middelen hebben om hun kinderen naar het buitenland te sturen om te studeren. Om culturele redenen is het prestige van het onderwijs vaak erg groot. De burgemeester van een groot dorp in de provincie Sabah, op het eiland Borneo, legde me op een dag met trots uit dat het hele dorp samengeknuppeld had om een briljant dorpsonderdaan te laten vertrekken voor zijn tweede cyclus. in Californië. De financiële vooruitzichten die worden geboden door de educatieve investeringen van deze bevolkingsgroepen doen de bedrijven in de sector natuurlijk watertanden. Aziaten vertegenwoordigen nu de helft van de internationale studenten in de wereld, een aandeel dat nog zal toenemen. Het aantal buitenlandse Chinese studenten is tussen 2000 en 2012 vervijfvoudigd en bedraagt nu meer dan 700.000; het aantal Saoedi's is verzesvoudigd tot 60.000, meer dan de Amerikanen!

Net als buitenlandse producten genieten grote westerse universiteiten een hoog prestige. Net zoals Japanse merken Angelsaksische namen gebruikten (bijvoorbeeld Kenwood), gebruiken sommige Aziatische universiteiten Angelsaksisch klinkende namen. Maar het hulpmiddel bedriegt weinig mensen. Het zijn de grote Angelsaksische instellingen die Aziatische studenten aantrekken. Voor de bourgeoisie in Beijing is niets chiquer dan hun kinderen naar Eton te sturen, soms al op de lagere school. Het regime, in theorie communistisch, vindt er niets mis mee: het is alweer bijna twintig jaar geleden dat een grote Chinese stad zijn eerste aan Harvard opgeleide burgemeester had. Het is dan ook niet verwonderlijk dat Chinese studenten zich als eerste haasten Angelsaksische landen. Het zijn er 200.000 in de Verenigde Staten, 90.000 in Australië en bijna 70.000 in het Verenigd Koninkrijk. Hetzelfde geldt voor Indiërs, vooral om etymologische redenen. Wat haar betreft, nodigt Frankrijk voornamelijk Afrikaanse en Chinese studenten uit.

Het is duidelijk dat het uitnodigen van onbekende studenten niet alleen een zakelijk probleem is, maar ook een belangrijk onderdeel van delicate macht, van sociale en politieke impact. Frankrijk beweert bijvoorbeeld dat het verzamelen van studenten bijdraagt aan de wereldwijde impact en de Francofonie ondersteunt. De socialistische naties begrepen dit over het algemeen goed: we herinneren ons dat talrijke leiders van opkomende naties overwogen, alle kosten betaald, in de Sovjet Associatie of in China.

Aan de andere kant, het is op politiek niveau dat de focus op het buitenland de meeste afschrikking ervaart, vanwege de onbetaalbare visumregelingen die na 11 september in de VS, in Australië of in Frankrijk zijn ingevoerd. De mindere aantrekkingskracht van de VS de laatste tijd wordt door deze kwesties voor een groot deel duidelijk. In Frankrijk vormen de problemen die onbekende studenten ondervinden bij het krijgen van de mogelijkheid om te proberen hun examens te halen, ook een rem. Staten langs deze lijnen lijken in conflict te zijn tussen delicate macht en bezorgdheid over buitenstaanders. De logische inconsistentie tussen hun doelen weerspiegelt, het is geldig,

Wereldwijde studenten vormen een aanzienlijke markt, ongeacht of de informatie over hen enigszins onzeker is. Ze dragen zeker bij aan de economie door de onderwijskosten die ze kunnen betalen, maar ook door hun lopende kosten. Volgens een schatting van de Engelse Service of Training brachten studenten wereldwijd in 2009 17 miljard euro naar het Unified Realm, waarvan 2,6 miljard aan onderwijskosten. In de VS hebben we het over 24 miljard euro. In Australië is de 13 miljard euro verbonden aan wereldwijde studenten het op twee na grootste huidige recordoverschot. Er moet ook worden opgemerkt dat onbekende studenten vaak meer betalen dan onderdanen, dus het faciliteren ervan is echt productief voor hogescholen.

Het uitnodigen van onbekende studenten is de belangrijkste periode van de globalisering van training. Voor koloniserende naties zoals de Assembled Realm of Frankrijk is het een hele oude praktijk. Frankrijk blijft eveneens een voorbereidingsgebied voor Franstalige Afrikaanse elites. Toch zijn we een tweede tijdperk van globalisering van studies binnengegaan, onderscheiden door de verbetering van systemen. Hogescholen zijn vanaf nu niet tevreden om studenten naar hen toe te halen, ze verbinden zich met hen door online diploma's te creëren en, belangrijker nog, door zichzelf in het buitenland te beveiligen.

Onderwijs, wereldwijde industrie

Een school of universiteit met campussen in verschillende landen kan multinationaal onderwijs worden genoemd. Volgens academica Rosa Becker [3] is het aantal van deze multinationals gestegen van 24 in 2002 tot 82 in 2006 en 162 in 2009. Aan dit tempo zouden het er vandaag ongeveer 400 kunnen zijn. gemeengoed wordt , moeten verschillende scenario's worden onderscheiden. Sommige scholen sluiten overeenkomsten of richten dochterondernemingen op, voornamelijk om hun studenten studieplekken in het buitenland te bieden. Anderen proberen zich in het buitenland te ontwikkelen, in een logica van beïnvloeding of om hun omzet en winst te vergroten door nieuwe studenten aan te werven. Ten slotte is er het geval van financiële groepen die in verschillende landen scholen kopen en multinationale onderwijsbedrijven worden.

In Frankrijk zijn buitenlandse universiteiten niet erg aanwezig. Maar de financiële groepen investeren met wraak. Veel investeringsfondsen zijn Angelsaksisch en komen op de Franse markt met een schat aan ervaring en respectabel kapitaal. De motivatie van deze fondsen is om te investeren in een nieuwe markt, terwijl hun thuismarkt bijna verzadigd is. Tegelijkertijd maakt de langdurige aanwezigheid van particuliere scholen deze markt toegankelijker dan die van landen waar onderwijs in wezen openbaar en gratis is. Een andere motivatie om door deze groepen in Frankrijk te investeren, is om op deze manier de markt van Franstalige ontwikkelingslanden te penetreren, waarvan de elites willen ontsnappen aan een falend nationaal onderwijssysteem.

De komst van Angelsaksische groepen zorgt voor een schaalverandering. Pigier, ISCOM (Higher Institute of Communication and Advertising) en de IPAC business schools maken zo deel uit van Eduservice, dat behoort tot Duke Street, een Brits fonds met een jaaromzet van meer dan 2 miljard euro. [4]. IFG, ESCE en EBS, drie business schools, zijn overgenomen door Laureate International Universities. Deze gigantische Amerikaanse groep (4 miljard dollar omzet) is aanwezig in een dertigtal landen en leidt 800.000 studenten op. Onder zijn aandeelhouders is er het KKR-fonds, wereldwijd bekend op de financiële markten voor zijn gedurfde operaties van buy-outs van bedrijven gefinancierd met schulden... die de verkoop van stukken van de gekochte bedrijven terugbetaalt. Sinds zijn oprichting, bijna veertig jaar geleden, gaat dit fonds er prat op een gemiddeld rendement van 27% te behalen, wat buitengewoon is.

Franse groepen missen de roep van deze fase van globalisering niet. Zo plant de INSEEC-groep zich onder leiding van de nieuwe eigenaar te vestigen in China, Korea of Brazilië. Particuliere groepen hebben geen monopolie op deze oriëntatie: zoals we hebben gezien, hebben ESSEC, Centrale en vele anderen campussen in het buitenland geopend, die stages voor hun studenten uit Frankrijk promoten, maar ook lokale rekrutering. Net als in andere gebieden is de Aziatische markt het eerste doelwit. De Central

School of Hyderabad presenteert een interessant model: het wordt volledig gefinancierd door Mahindra, een branchegroep die bedrijfsleiders wil opleiden in plaats van koste wat het kost winst te maken. De Indiase groep brengt kapitaal, maar ook een sterke reputatie. De Franse school brengt haar knowhow,

De internationale groepen voorzien de overgenomen particuliere scholen van financiële middelen om te investeren en hun positie te verbeteren en van internationale partners die hen een aanzienlijk concurrentievoordeel geven, in een tijd waarin internationale openheid essentieel wordt. Grote groepen investeren in Moocs, die een echte economische revolutie betekenen. De beperking van het onderwijs is inderdaad dat je een leraar nodig hebt waar de studenten bij zijn. Hoe, in dit geval, om productiviteitswinsten te behalen? Toenemende klassengrootte vermindert de kwaliteit. Aan de andere kant opent het vermenigvuldigen van de leraar door middel van videoconferentie fantastische mogelijkheden: met een enkel lerarensalaris om te betalen, kun je een oneindig aantal studenten bereiken.

Zo heeft Laureate International Universities een belang genomen in Coursera, dat cursussen verzorgt van professoren van Stanford, Princeton, CalTech, Normale sup en Polytechnique. Voor een groep met scholen zijn hier enorme potentiële synergieën: scholen halen cursussen van Coursera, wat ze niet veel kost, aangezien deze cursussen massaal worden verspreid. Omgekeerd slagen ze voor de examens en maken zo de certificering mogelijk van de cursussen die door Coursera worden aangeboden.

Een ander gevolg van de vorming van groepen is de standaardisatie van managementpraktijken. Het is een kwestie van de hele groep een model opleggen, met efficiëntie-indicatoren, te behalen doelstellingen, beheersmethodes, enz.

Dit model vindt zijn laatste structuur bij de EMO's of leerzame bestuursverenigingen die in de VS worden opgericht. Deze afkorting is tot stand gekomen door samenwerking met HMO's, verenigingen die in de VS zijn opgericht op het gebied van welzijn. Tussenpersoon tussen de verzekeringsmaatschappij die de vergoeding vergoedt en de spoedeisende hulpklinieken, drugsspecialisten of specialisten die deze geven, deze HMO's dwingen richtlijnen af, zoals de duur van ziekenhuisopname voor een specifieke pathologie of het merk medicatie dat een specialist kan onderschrijven.

Op het gebied van training doen EMO's aan ontwerpen (hoe een plan opstellen, beoordelen, docenten opsporen, studenten selecteren, enzovoort) en reviewen (hoeveel docenten per understudy? Hoeveel vierkante meters per understudy? normaal kosten van voorbereiding?, enzovoort.). Ze kunnen ook onderwijsprocedures bevorderen. Ze zouden "geweldige praktijken" moeten kiezen en deze binnen de bijeenkomst verspreiden. De EMO's stopten voorheen middelen op het gebied van contractscholen: een paar Amerikaanse staten geven alle voogden van studenten een opleidingsvoucher die ze gebruiken in hun favoriete stichting, om de richtlijn van rivaliteit in de 'instructie' te brengen. Ze verwachten een verbetering van het kader. Men kan zich voorstellen dat bijeenkomsten van scholen hun procedure volgens dit model zullen rechtvaardigen.

Deze praktijken zijn de partner van de schijn van

kapitaal op zoek naar geweldige open deuren voor uitkering en scheidsrechter tussen interesse in onderwijs, recreatieclubs, bejaardentehuizen of penitentiaire inrichtingen. Beleggers willen duidelijk weten of hun geld wel bewust wordt besteed (verantwoordelijkheid). Op basis van de opgebouwde ervaring kunnen de EMO's bijvoorbeeld verder zeggen dan hoeveel lesuren een training niet meer rendabel is; of hoe je een salarisbeleid voert dat leraren aanmoedigt om hun best te doen zonder teveel te kosten. Maar de spanning tussen kwaliteit en winstgevendheid is niet altijd gemakkelijk te verminderen en onderwijsactoren lopen het risico gewelddadig te reageren op de confiscatie van vrijheid die de komst van EMO's met zich meebrengt. Voor een leraar lijkt het op een rampenfilm. Op het gebied van gezondheid leidt dit model, sterk bekritiseerd door artsen omdat ze hun beslissingsvrijheid verliezen, tot hoge beheerskosten. In termen van optimalisatie blijkt het duurder te zijn dan openbare systemen. Het is mogelijk dat hetzelfde gebeurt in het onderwijs.

Educatieve vrije zones

De derde fase van de raket is de oprichting door bepaalde landen van enorme platforms, onderwijshubs of kennishubs genoemd, naar analogie met luchtvervoer - een hub is een verplicht doorgangspunt, het operationele centrum van een bedrijf waarnaar zijn langeafstandsverkeer samenkomt vluchten. Het gaat erom een gebied, onderhouden en beheerd door de overheid, te wijden aan de installatie van scholen, maar soms ook van onderzoekscentra. Het doel is om onderwijs te gebruiken als een economische sector waarop kan worden vertrouwd om activiteit te creëren en vreemde valuta te verdienen. Het is een bijzondere modaliteit van de globalisering van het onderwijs van meer dan een derde leeftijd, omdat het alleen bepaalde opkomende landen betreft.

In Singapore is dit bijvoorbeeld onderdeel van een grotere strategie om de eilandstaat om te vormen tot een kenniseconomie. De Verenigde Arabische Emiraten stellen kolossale middelen ter beschikking van een strategie van kennis- en cultuureconomie, die met name voorziet in de bouw in Abu Dhabi van drie gigantische musea: het Louvre, het Guggenheim en de Zayed, evenals de creatie van twee films festivals.

Het voorbeeld van Mauritius illustreert daarentegen een benadering die puur gericht is op educatieve diensten als handelswaar: "Het doel is om binnen tien tot vijftien jaar een miljard dollar aan omzet te genereren, ofwel 10% van het Mauritiaanse BBP! " de Mauritiaanse minister van Hoger Onderwijs [5]. Volgens dit plan zou Mauritius in 2020 100.000 internationale studenten verwelkomen (tegenover 1.000 in 2013!). Het is opmerkelijk dat het Ministerie van Hoger Onderwijs pas in 2010 is opgericht met als doel de economische bedrijvigheid in deze sector te ontwikkelen. Tenminste als de opleiding van Mauritianen naar de achtergrond raakt.

Het Mauritiaanse kennisknooppunt wil studenten werven uit de hele Indische Oceaan en Afrika. Een openbaar bedrijf, Knowledge Parks Ltd, werd opgericht om de drie door de overheid gefinancierde campussen te beheren. De instellingen buitenlandse vrouwen worden aangemoedigd om zich op deze campussen te komen vestigen. Zo heeft de Vatel-school een hotelbachelor- en masterdiploma in het leven geroepen, waarbij de vele luxehotels in de regio uitstekende plekken vormen voor stages. Andere cursussen zijn tot stand gekomen dankzij een internationaal partnerschap, zoals met Paris-I-Panthéon-Sorbonne of Paris-Dauphine: het Mauritiaanse bedrijf Analysis Institute of Management coördineert de MBA geleverd door de Universiteit van Paris-Dauphine en het Institut d'administration des entreprises (IAE) van Parijs op de eilanden van de Indische Oceaan.

Dubai International Academic City (20.000 studenten) wil "de eerste vrije zone ter wereld gewijd aan onderwijs" zijn. De autoriteiten dringen erop aan dat de universiteiten die zich daar vestigen volledig eigenaar zijn van hun vestiging en vrijelijk hun winst kunnen repatriëren. Dubai of Mauritius passen daarom voor het hoger onderwijs de recepten toe die op andere gebieden zijn geslaagd, zoals textiel op Mauritius. Het eiland heeft het creëren van vrije zones onder de knie, weet hoe de infrastructuur moet worden gebouwd die nodig is voor bedrijven, heeft de nodige geloofwaardigheid om buitenlandse bedrijven ervan te overtuigen dat het een rechtsstaat is, betrouwbaar, stabiel, die bedrijven in vrede laat gedijen.

Maar is het genoeg? Mauritius kon textiel aantrekken, dankzij zijn goedkope arbeidskrachten, in het toerisme, met zijn witte zandstranden. In het onderwijs? Hoe hard we ook zoeken, het concurrentievoordeel van Mauritius ligt niet voor de hand. Deze pogingen zijn daarom noodzakelijk omzichtig. Al in 2011 vroeg een onderzoeker zich af of het een modeverschijnsel was of een echte innovatie. [6].

Verschillende schandalen hebben de ontwikkeling van de hubs de laatste tijd bezoedeld, met name accreditatieproblemen: studenten ontdekken na jaren van dure studies dat hun diploma niet wordt erkend in het buitenland. Het gebeurde ook dat de dochteronderneming van een "grote westerse school" in Dubai moest sluiten toen bleek dat het moederbedrijf... een pure uitvinding was! Laten we de lezer zonder meer geruststellen: deze denkbeeldige school heeft een dochteronderneming heropend in een ander emiraat [7]. Deze schandalen toonden de autoriteiten aan dat overheidsingrijpen essentieel was om de uitgereikte diploma's geloofwaardig te maken.

Dubai heeft een ware educatieve bubbel ervaren. In 2007 waren er meer onderwijsinstellingen dan waar ook ter wereld; tien van de honderd beste business schools waren bijvoorbeeld vertegenwoordigd in Dubai, zeven in Qatar en drie in Abu Dhabi. De financiële crisis van 2008 trof Dubai hard, waardoor het aantal expats dat hun kinderen op deze scholen kon plaatsen drastisch afnam. Gloednieuwe campussen zijn dus halfleeg gebleven en dus ruim onder het break-even punt. Sommige sloten net zo snel als ze waren geopend. Tegenwoordig zien ze eruit als spooksteden die zijn verlaten na de goudkoorts in de Verenigde Staten. Dit is de eerste groeicrisis in het geglobaliseerde onderwijs.

De kracht van het Dubai-model is waarschijnlijk ook in het geding in deze crisis. De vrije markt en het ontbreken van regulering zijn niet noodzakelijkerwijs een wondermiddel op een gebied waar het erg moeilijk is om het "product", dat wil zeggen het diploma, te evalueren. Certificering door een erkende autoriteit blijft essentieel, evenals het vaststellen van kwaliteitsnormen en enige leveringsplanning. Dubai heeft in 2013 ook een certificatie-instelling opgericht. Ten slotte voorspellen de moeilijkheden die sommige academici ondervinden bij het verkrijgen van visa, vanwege hun politieke standpunten of de aard van hun werk, niet veel goeds voor de mogelijkheid om een permanente faculteit ter plaatse te verwelkomen.

Let terloops op het contrast tussen de Emiraten. De Verenigde Arabische Emiraten vormen een federale structuur waarin zeven vorstendommen zijn verenigd, met als belangrijkste Dubai en Abu Dhabi, die de kenniseconomie op diametraal tegenovergestelde manieren benaderen. Dubai verwacht directe financiële voordelen van de vrije zones en ziet af van de controle over hun soms anarchistische ontwikkeling, terwijl Abu Dhabi doorgaat met voorzichtige interstatelijke overeenkomsten.

Azië verovert Azië

Maleisië, Hongkong, Zuid-Korea en Singapore hebben vergelijkbare initiatieven gelanceerd, maar dan op een steviger fundament. Singapore is een hoogontwikkeld land, waarvan de staat, een machtige en efficiënte planner, zich al lang specialiseert in logistiek. Zo heeft Singapore kant-en-klare steden aan China geleverd, waarbij het zowel de bouw als het beheer van infrastructuur en openbare diensten voor zijn rekening neemt. Door de geografische ligging is Singapore binnen het bereik van Aziatische studenten. Het eiland heeft ook het idee van "edu-toerisme" ontwikkeld, waardoor het mogelijk is om de verkenning van de regio te verzoenen met een cursus die wordt gegeven door uitstekende scholen, die tot de beste ter wereld behoren.

Singapore is er inderdaad in geslaagd om meer dan 1.100 buitenlandse scholen en universiteiten aan te trekken, waaronder MIT, Imperial College London, de Technische Universiteit van München en de eerste campus die in driehonderd jaar door Yale is gecreëerd, om de slogan te gebruiken, alles in finesse bedacht door de communicatoren van dit instelling. Overigens waren de leraren en de raad van bestuur van Yale boos dat ze niet waren geraadpleegd over deze implementatie en vernamen ze dat ze geen stem hadden in de kwestie. Respect voor traditie strekt zich niet uit tot het delen van macht...

Het ontstaan van hubs in Azië is het logische gevolg van de economische opkomst van Oost-Azië en de globalisering van het onderwijs. De plaats van

Azië in deze beweging verandert snel. De onderwijsknooppunten van Zuid-Korea hopen daarmee Russische studenten aan te trekken: nogal een symbool.

De Aziatische reuzen India en China staan een beetje achter deze beweging, die ze proberen te beteugelen met een protectionistisch beleid. Zo verbieden Indiase technische instituten hun studenten om stage te lopen in het buitenland. China en India hebben de neiging om de oprichting van buitenlandse universiteiten te vertragen, die ze zien als concurrenten van hun eigen universiteiten, waarvan ze de interne ontwikkeling willen bevorderen. Ze boeken echt succes. Indiase technische instituten trainen hoog aangeschreven ingenieurs. Volgens sommige bronnen verwelkomt China nu meer dan 300.000 buitenlandse studenten. Bovenal studeerden in 2014 100.000 Amerikanen in China, een absoluut duizelingwekkend aantal. Wie had zich tien jaar geleden zo'n radicale verandering, deze omgekeerde braindrain, kunnen voorstellen? En waarom voor China kiezen?

Het antwoord is niet erg origineel: geld. Een MBA die tot de top twintig van de wereld behoort, aangeboden door de China Europe International Business School in Shanghai, kost de helft van de prijs van de Verenigde Staten, om nog maar te zwijgen van de lage kosten van levensonderhoud. Omdat de reputatie van Chinese universiteiten nog moet worden verbeterd, zijn ze minder selectief dan elders. In de geneeskunde, bijvoorbeeld, heeft een Indiase student die een goede graad wil, goede redenen om te aarzelen tussen Europa en China, wat de fora beginnen te echoën. In het specifieke geval van de Amerikanen heeft Hillary Clinton in 2013 een stichting opgericht die studiebeurzen verstrekt aan studenten die naar China willen, om de twee landen dichter bij elkaar te brengen en een land te leren kennen dat steeds meer een grote kracht. Maar net als op andere gebieden

Zoals op andere gebieden inderdaad... Dit hoofdstuk lijkt op een artikel uit L'Expansion. Probeer het opnieuw te lezen en vervang "student" door "client" en

" onderwijs " door "computing", "fast food" of zelfs "werktuigmachine": het gaat heel goed. Wat de globalisering van het hoger onderwijs kenmerkt, is dat het in wezen door de markt wordt gedaan, waarbij onderwijs wordt beschouwd als een dienstverlenende activiteit voor individuen met een hoge toegevoegde waarde, waarin aanzienlijke ontwikkelingskansen liggen. winstgevend .

Volgens een slogan die in Frankrijk, maar ook in Chili of Quebec wordt gehoord,

" Onderwijs is geen koopwaar". In feite, ja. Er is een (min of meer) solvabele vraag, een betalend aanbod, een redelijk georganiseerde markt, financiering, ondernemers, commerciële strategieën, merken, productevaluatie, tijdschriften om de consument te helpen bij zijn keuzes, enz. . De ontwikkelingen die we zojuist hebben onderzocht, laten zien dat het steeds meer een commodity wordt en dat deze trend zal groeien. Vreemd genoeg zijn er in Frankrijk vaak zorgen hierover gerezen met betrekking tot internationale handelsovereenkomsten, alsof de dreiging van schoolcommodificatie van buitenaf zou komen om een openbaar en vrij Frans systeem te belegeren. Het is duidelijk dat we er niet meer zijn.

Hoofdstuk 7 Opmerkingen

1. Valerie STRAUSS, "Wereldwijde onderwijsmarkt bereikt 4,4 biljoen dollar - en groeit", The Washington Post, 9 februari 2013.

2. Deze term lijkt misschien vreemd, maar het maakt het mogelijk om onderscheid te maken tussen mensen die uit het buitenland komen om te studeren en mensen met een buitenlandse nationaliteit, maar van wie de familie heel goed al jaren in het land woont.

3. Rosa BECKER, "Internationale branchecampussen: markten en strategieën", The Observatory on Borderless Higher Education, 2009.

4. Isabelle REY-LEFEBVRE, "Privéscholen, een goudmijn voor investeerders", Le Monde Campus, maart 2012.

5. Jean-Michel D.URAND, "De kennishub krijgt vorm in een zekere vaagheid", L'Eco austral, 13 februari 2014.

6. Jane KNIGHT, "Onderwijshubs: een rage, een merk, een innovatie? », Journal of Studies in International Education, nr. oh 15, 2011, p. 221.

7. Leigh THOMAS, "Kwaliteit de grote uitdaging voor particuliere onderwijshubs", University World

News, 9 maart 2012.

8

Stijgende collegegelden

"De rijken, wanneer de ongelijkheid groot is en hun inkomens aanzienlijk hoger zijn dan die van de middenklasse, aarzelen om te investeren in publieke goederen zoals onderwijs [...] en geven er de voorkeur aan om ze voor particuliere consumptie te maken [1]. »

HEEFT bijna op een geweldige school gezeten, maar Jean-Charles heeft een mooie carrière in de branche achter de rug, ook al heeft hij het tempo een paar jaar vertraagd. Zijn kinderen zijn volwassen geworden en hij ziet ze een vertrouwd pad volgen. Wanneer het beslissende moment komt om zijn weg in het hoger onderwijs te kiezen, heeft hij het gevoel dat hij, ongetwijfeld beter dan anderen, in staat zal zijn om zijn kinderen te helpen, te adviseren en te financieren. Onderzoekend naar de vraag, ontdekt hij dat de kosten van het hoger onderwijs explosief zijn gestegen: particuliere opleidingen worden steeds duurder, essentiële ondersteunende cursussen, betaalde voorbereidende cursussen vergen substantiële budgetten. Hij realiseert zich dat hij een aanzienlijke inspanning zal moeten leveren om deze kosten te dekken en zijn kinderen van winstgevende studies te voorzien. Betaalde training is natuurlijk niets nieuws. Maar ze waren vrij gemakkelijk toegankelijk voor de kinderen van ingenieurs, zelfs leraren. Dit is niet langer het geval.

Inflatie is voornamelijk te wijten aan business schools, waarvan de kosten tegenwoordig erg hoog zijn. Dit hoofdstuk begint met een beschrijving van hun zaak. Maar de rest van het tertiair onderwijs volgt, in de hoop de afnemende overheidsfinanciering en stijgende kosten goed te maken. Gratis, wat was de regel, wordt het de uitzondering?

In het verleden werden in de wetenschapsklassen studenten van commerciële voorbereidende klassen met een zekere minachting bekeken. Hun niveau van wiskunde, de maatstaf van alles, was lager dan dat van de voorbereidende wetenschappen; en hun carrières leken minder deugdzaam dan die van dokters of ingenieurs. De bijnaam waarmee de studenten van deze prepa's werden gegeven, de "specerijen",

vertaalt deze neerbuigendheid goed. De scholen droegen nog het stigma van de tijd dat ze de posities van min of meer begaafde 'papa'sjongens' legitimeerden.

Maar een van mijn klasgenoten, een Centralien die bij IBM was komen werken, merkte op dat afgestudeerden van de business school, die weliswaar minder computervaardig waren dan hij en die nooit hetzelfde werkvermogen als hij hadden getoond, aantekeningen maakten en die mondeling veel beter presenteerden dan hij en evolueerde snel naar de hoogten van het bedrijf. Het was begin jaren tachtig. Business schools begonnen het over te nemen. Deze trend is sindsdien niet meer ontkend, vooral omdat steeds meer afgestudeerden van de business school in dienst zijn bij grote bedrijven. Deze verschuiving van wetenschap en literatuur naar commercie is bovendien significant voor de evolutie van de waardenschaal in Frankrijk. Tegenwoordig sturen ouders hun kinderen vol vertrouwen naar de business school.

Hun enthousiasme wordt echter aangetast door de te betalen rekening. De voorkeur geven aan een business school boven een technische school is in feite niet neutraal in termen van kosten. Hoewel de meeste technische scholen openbaar en redelijk geprijsd blijven, zijn business schools erg duur.

De grote business schools hebben vanwege hun status altijd een vergoeding gevraagd. Ze rapporteren niet rechtstreeks aan het ministerie van Hoger Onderwijs. Enkele van de belangrijkste zijn nu afhankelijk van de Kamers van Koophandel en Industrie (CCI), met name HEC, ESCP Europe en Novancia, die afhankelijk zijn van de CCI van Île-de-France, BEM Management School (Bordeaux), Grenoble EM en de Toulouse Bedrijfsschool. Na eind jaren zeventig bijna failliet te zijn gegaan, is ESSEC gekoppeld aan de CCI van Val-d'Oise. Naast deze consulaire status zijn er scholen met een privéstatus, meestal verenigingen of vereenvoudigde naamloze vennootschappen. De overgrote meerderheid van de scholen, hoewel betalend, heeft dus geen winstoogmerk, het is belangrijk om dit te benadrukken.

Om de financiële gegevens volledig te begrijpen, is het ook nodig om je weg te vinden in het maquis van diploma's. In de jaren dertig introduceerden bedrijfsscholen rekrutering na één en daarna twee jaar voorbereidende klas, in navolging van technische scholen. Maar sommige, zogenaamde geïntegreerde voorbereiding, rekruteren op baccalaureaatniveau (zie p. 119). Meestal leiden business schools tot bac + 5-niveaudiploma's, overeenkomend met het masterdiploma. De opleiding duurt daar dus drie jaar (na prep) of vijf jaar (postbac). Ze hebben ook diploma's ontwikkeld, de zogenaamde bachelor in bedrijfskunde (BBA), die in algemeen niveau bac + 4 (Amerikaanse norm), zelden niveau bac + 3 (Engelse norm). Om de zaken wat meer op smaak te brengen, geven ze ook geconcentreerde graduate graden of Expert of Science (MS) en Expert in Business Organization (MBA) uit, klaar in een jaar of iets langer. Deze onmiskenbare niveau-erkenningen zijn gepland voor afgestudeerden met een bac+4- of bac+5-niveau, van wie er inmiddels een aanzienlijk aantal deelneemt aan het beroepsleven.

Eindelijk zijn de inschrijvingstechnieken voor deze scholen de laatste tijd aanzienlijk verbeterd, met gelijke bevestigingen in het eerste of tweede jaar die worden voorgesteld aan studenten van de universiteit en wedstrijden die zijn aangepast aan studenten van wetenschappelijke voorbereidende klassen.

Dit grote aantal scholen is niet gelijkwaardig, noch wat betreft de toegangsproblemen, noch wat betreft de vergoeding voor het hoofdwerk, noch wat betreft de beroepswijze. De jaarlijkse ranglijsten en prijslijsten die door verschillende persorganen worden opgesteld, leveren zeer eensluidende resultaten op. De beste zijn de scholen die een regeling van twee jaar volgen. Scholen met een gecoördineerde regeling zijn aanzienlijk minder bekend. Hoe dan ook bemoeien met het hoogste punt van de ranglijst, richting de 10e plek, scholen als IESEG, in klim, en ESSCA. Sommige BBA's, die ontbreken in de ranglijst omdat ze niet op expertniveau zijn, kunnen eveneens worden gewaardeerd door managers.

Beste businessscholen

Een business school is een aanzienlijke kostenpost, buiten het bereik van de meeste gezinnen in het geval van scholen met geïntegreerde voorbereiding, aangezien het nodig is om vijf jaar studie te financieren voor een bedrag van ten minste 40.000 euro en dat deze scholen particuliere instellingen doen beursstudenten niet vrijstellen van collegegeld. Op deze scholen zijn de prijsstijgingen sinds 2006 met meer dan 50% gestegen [2]. Veel ouders, die rekening hadden gehouden met de orde van grootte van de tijd van hun studie, zijn geschokt door deze ontwikkeling. Het is nu nodig om tussen de 27.400 euro te betalen voor drie jaar studie aan Audencia en 39.500 euro aan ESSEC.

Bij driejarige scholen komen daar nog de kosten van twee jaar voorbereiding bij. De meeste prépas zijn openbaar of afhankelijk van katholieke instellingen, waarvan het collegegeld 2.000 euro tot 3.000 euro per jaar bedraagt. Er bestaan ook voorbereidingscursussen met winstoogmerk (IPESUP-PREPASUP, PREPACOM, Integrale, enz.). Hun uitstekende niveau wordt betaald van 8.500 euro tot 9.500 euro per jaar. De kost van het collegegeld gaat uiteraard op tegen de huisvestingskosten, voor studenten die niet in de directe omgeving van de campussen wonen. Omdat deze vaak afgelegen of moeilijk toegankelijk zijn, blijft de meerderheid van de studenten ter plaatse. Dankzij de huurtoeslag zijn deze uitgaven echter minimaal. Over het algemeen is de investering meestal erg zwaar voor gezinnen. In sommige gevallen kan het echter worden verminderd.

Een school springt eruit: Télécom School of Management factureert 15.450 euro

" slechts " drie jaar studie. De enige school met openbare status in de sector, omdat het is gekoppeld aan een technische school, is het van een goed niveau. Ten slotte, gelijkgesteld met een business school door de erkenning die haar afgestudeerden genieten, heeft de Paris-Dauphine University ook een openbare status en is ze veel goedkoper, ook al stijgen de inschrijvingsgelden snel.

Het aangegeven studiegeld heeft betrekking op de opleiding die toegang geeft tot de masteropleiding. Gespecialiseerde masters kosten over het algemeen 12.000 euro tot 22.000 euro voor een jaar en MBA's van 35.000 euro tot 48.000 euro voor tien tot zestien maanden, wat vrij bescheiden is in vergelijking met Amerikaanse MBA's, gefactureerd tot 120.000 euro! Deze prijzen lijken misschien buitensporig. Gezien de koopkracht van de meeste gezinnen zijn ze dat zeker.

Deze beoordelingen moeten echter worden getemperd, omdat deze cursussen vaak deel uitmaken van permanente educatie, met name EMBA's (E voor executive). Ze kunnen worden gefinancierd door werkgevers, met name in het kader van een leer-werktraject. Zo zijn ongeveer 30% van de ESSEC-studenten leerling. De school heeft tal van partnerschappen ontwikkeld waardoor ze bijvoorbeeld in marktfinanciering kunnen werken terwijl ze hun studie voortzetten. De leerling wordt betaald en zijn collegegeld wordt gedekt. Bovendien is het behalen van een van deze diploma's een spectaculaire carrièreversneller.

Deze snelle stijging heeft geleid tot een zekere erosie van de rendabiliteit van diploma's, waarbij de salarissen minder snel zijn gestegen dan de collegegelden. Zo vertegenwoordigde een driejarige opleiding in 2014 bijna veertien maanden salaris voor jonge afgestudeerden, tegen minder dan tien in 2006. Voor vijfjarige scholen vertegenwoordigen de collegegelden negentien tot twintig maanden salaris. Deze schatting is een minimum, omdat de gegevens over salarissen , afkomstig van de scholen zelf, waarschijnlijk met 20% tot 30% zijn overschat. De inspanning van degenen die hun studie financieren door te lenen neemt dus toe.

Let op: het getoonde collegegeld is niet netto. Daarbij komen niet te verwaarlozen bijkomende kosten, zoals selectiekosten, administratiekosten bij pauze, kosten van deelname aan inburgeringsweekenden, vaak extra kosten tijdens stages in het buitenland, alsmede dan de aanschaf van boeken (die kunnen vertegenwoordigen een budget van 1.500 euro in het eerste jaar). De Verenigde Staten zijn op dit gebied een speciaal geval: terwijl een dik leerboek in Europa over het algemeen zo'n 50 euro waard is, kan het aan de andere kant van de Atlantische Oceaan, waar de markt geblokkeerd is, oplopen tot 320 dollar. De docenten leggen de naslagwerken voor hun opleiding op, maar betalen er niet voor en zijn dus niet erg gevoelig voor hun prijs. Uitgevers brengen voortdurend nieuwe versies uit om de ontwikkeling van de tweedehandsmarkt te vertragen en de boeken te begeleiden met computerbestanden van wisselend belang, die de prijzen opdrijven. Deze zijn tussen 2004 en 2014 met 82% gestegen en sinds 1978 in totaal met 812%, drie keer sneller dan de kosten van levensonderhoud. Dit probleem is zeer ernstig geworden: de kosten van universitaire studieboeken bereiken voor sommige studenten 1.200 dollar en velen van hen stoppen met het kopen ervan. Dit fenomeen wordt genoemd als een van de faalfactoren op de universiteit. de kosten van universiteitsboeken bereiken voor sommige studenten 1.200 dollar en velen van hen stoppen ermee ze te kopen. Dit fenomeen wordt genoemd als een van de faalfactoren op de universiteit. de kosten van universiteitsboeken bereiken voor sommige studenten 1.200 dollar en velen van hen stoppen ermee ze te kopen. Dit fenomeen wordt genoemd als een van de faalfactoren op de universiteit.

In Frankrijk brengen scholen ook kosten in rekening voor inschrijving voor wedstrijden. Een fors budget voor gezinnen en soms aanleiding tot wat misbruik. Gezamenlijke competities voor business schools met geïntegreerde voorbereiding kosten 120 euro, plus 80 euro per school voor Accès, 225 euro en 30 euro per school daarbuiten voor Sesame, enz. In totaal betaalt de student die meerdere competities presenteert om zijn kansen te vergroten vanaf 500 euro tot 800 euro.

Registratie voor vergelijkende examens aan de Grandes Ecoles kost over het algemeen rond de 100, 150 euro. Uitzonderingen: de gezamenlijke Mines Ponts-wedstrijd kost 265 euro en de normale schoolwedstrijden zijn gratis. Meestal zijn bursalen vrijgesteld van toegangsprijzen voor vergelijkende examens. In de online krant Rue89 kwantificeerde een student wat de wedstrijden van verschillende journalistieke scholen hem hadden gekost, inclusief vervoers- en verblijfskosten: 1.861 euro.

Hoe het ook zij, zegevieren in de oppositie kan ook kostbaar zijn. Een understudy maakte me duidelijk dat ze eindelijk op haar gewenste dubbele niveau was gebracht, een opgenomen en praktisch gratis voorbereiding. Hoe dan ook, terwijl ze wachtte om te zien of ze werd erkend, had ze haar inschrijving bij ESSCA goedgekeurd nadat ze de selectietest had voltooid... en betaalde ze 1.500 niet-restitueerbare euro's. Een paar rivaliteiten spelen vakkundig op dit instrument. Ze bieden een paar bijeenkomsten aan, maximaal zes voor Connection. Het is eenvoudiger om de oppositie in de eerste vergadering te passeren, wat bepaalde nieuwkomers aantrekt. Als ze eenmaal hebben toegegeven, willen ze misschien wachten op de nawerkingen van andere latere en meer verheven rivaliteit voordat ze zich absoluut committeren. Hoe het ook zij, alles bij elkaar om hun plaats niet te verliezen, moeten ze een 10% niet-herstelbare winkel betalen, of ongeveer 800 euro.

De race om de sterren

De stijging van de rechten wordt verklaard door de stijging van de kosten, met name die van de lerarensalarissen, versterkt door het helse mechanisme van de schoolevaluatie. Hun academische kwaliteit wordt beoordeeld op publicaties in wetenschappelijke tijdschriften en het aantal "CNRS-sterren" van hun faculteit. Dit criterium bepaalt met name het behalen van internationale labels (EQUIS, AACSB, EPAS) en de plaats van de school op nationale (L'Étudiant, Challenges, enz.) en internationale (Financial Times, enz.) rankings. Die laatste zijn vooral belangrijk voor scholen aan de top van de ranglijst, waarvoor de internationale dimensie zeer strategisch is. Tegenwoordig zijn 40% tot 70% van de docenten in grote business schools en 20% van hun studenten buitenlanders. In aanvulling,

Het is zeer twijfelachtig of de kwaliteit van het onderwijs wordt gelijkgesteld aan die van het onderzoek. Ongetwijfeld komt de superioriteit van dit criterium grotendeels voort uit het feit dat het meetbaar is, terwijl het vermogen van een instelling om haar studenten vooruit te helpen erg moeilijk te kwantificeren is. Maar, relevant of niet, dit criterium heeft zich opgelegd en de scholen hebben geen andere keus dan mee te doen aan de wedstrijd, willen ze niet uit de hitparade verdwijnen.

De race om CNRS-publicaties en -sterren leidt echter tot een ongelooflijke loonafwijking. De scholen belonen de publicaties van hun leraren, wiens prestige op hen afstraalt. De premie die aan een leraar wordt toegekend voor een artikel in een tijdschrift van hoog niveau zou volgens het Rekenhof dus 12.000 euro bedragen bij ESC Toulouse [3]. Twijfelachtige praktijken verhogen kunstmatig het aantal publicaties van een instelling. Zo kan een academicus in ruil voor een paar duizend euro accepteren dat een leraar van een school medeauteur is van een artikel waarvan hij geen regel heeft geschreven. Een school kan ook een jonge arts aanwerven, wetende dat publicaties zullen volgen op het behalen van zijn proefschrift. Van de veel gepubliceerde wetenschappers kan de titel (en vergoeding) van universitair hoofddocent worden toegekend, zodat hun publicaties kunnen worden bijgeschreven op de school.

Hoogleraren die waarschijnlijk in internationale tijdschriften zullen publiceren, worden tegen exorbitante prijzen gerekruteerd of zelfs van andere scholen gepocheerd, tot het punt dat specialisten spreken van een "mercato". Aangezien deze markt internationaal is, liggen de vergoedingen in Frankrijk noodzakelijkerwijs dicht bij de niveaus die elders worden bereikt, met name in de Verenigde Staten. Heel concreet verdient een bevestigde academicus 4.000 tot 6.000 euro per maand aan de universiteit, het dubbele in een Franse Grande Ecole en in de Verenigde Staten zelfs iets meer. [4]. De globalisering van de lerarenmarkt versnelt in veel disciplines. Het hogere salaris voor sterdocenten moet daarom omhoog, wat weegt op de inschrijvingsgelden. Bovendien moeten leraren, als ze willen publiceren, de tijd hebben om onderzoek te doen, dus moeten hun onderwijstaken worden verminderd, wat ze des te duurder maakt voor de school die ze in dienst heeft.

Er kunnen andere bronnen van kostenstijgingen worden geïdentificeerd: IT-apparatuur, die steeds geavanceerder wordt, moet regelmatig worden vervangen; veel scholen hebben geïnvesteerd in onroerend goed om te moderniseren en te reageren op de groei van het aantal inschrijvingen. Ten slotte breiden de geleverde diensten, met name op het gebied van oriëntatie, opvolging van stages en integratie van oud - studenten, voortdurend uit en mobiliseren ze kostbare arbeidskrachten.

Geconfronteerd met deze inflatie hebben scholen weinig marge, omdat sommige financiering stagneert of afneemt. 11% van de middelen van de consulaire business schools is afkomstig van de CCI's, 10% van de stagebelasting betaald door bedrijven, waarbij de regio's 3% van de budgetten voor hun rekening nemen. Diensten voor permanente educatie bieden 8% van de middelen, voornamelijk in de best beoordeelde scholen, en 10% is afkomstig van stichtingen. 58% van het budget wordt dus voorzien door collegegelden. Het gebrek aan middelen van de CCI's beperkt hun inzet; de economische situatie is noch voor de leerbelasting, noch voor de bijdragen van de regio's gunstig. Sommige sponsoringoperaties kunnen aanvullende, maar beperkte financiering opleveren die is geconcentreerd op de best bedeelde instellingen. Eindelijk,

Stijgende kosten veranderen echter pas in stijgende prijzen als er vraag is naar die prijs. Er moeten met andere woorden voldoende gezinnen bereid zijn om grote sommen te betalen. Maar de situatie is gespannen.

De stijging van de onderwijskosten is vanaf ongeveer 2011 afgenomen. ESSEC blijft de duurste school, maar heeft de kosten niet verhoogd, na een hele tijd van dubbele cijfers. Beveiliging bovendien in Toulouse en Grenoble. Er zou een dak zijn bereikt: in 2012 besloten 1.100 studenten die een plek op een school hadden gekregen, deze niet te bezitten, dus 21 van de 37 business colleges wonnen dat jaar niet. verdeel elk van de plekken die zijn opgezet voor rivaliteit. De minder gewaardeerde scholen, zoals de ESC van Brest, La Rochelle, Chambéry of Dijon, ondervinden de meeste problemen. Ze selecteren dienovereenkomstig een steeds groter aantal door middel van gelijke bevestigingen. Post-baccalaureaatscholen, voor zover het voor hen belangrijk is, coördineren soms extra rivaliteit in september, of zelfs verbaasd begin van het schooljaar tegen het einde van het hoofdsemester, waardoor het mogelijk is om studenten die heroriëntatie nodig hebben, te recupereren. Desondanks is het aantal nieuwkomers de afgelopen jaren aanzienlijk gedaald: het daalde van 7.114 in 2008 naar 5.412 in 2014 voor de Sesam-rivaliteit en van 7.008 in 2010 tot 5.512 in 2014 voor Accès. Het is duidelijk dat de voogden strijden om financieel bij te blijven.

De beste business colleges bevinden zich in een totaal andere situatie. De stijging van de kosten wordt denkbaar gemaakt door de globalisering van de markt. De rangschikking van de beste administratieve azen die elk jaar door de Monetary Times wordt verspreid, plaatst Franse scholen verbazingwekkend goed, met 19 die verschijnen onder de belangrijkste 100. Zeven Franse MBA-programma's behoren eveneens tot de beste 100, zoals aangegeven door de positionering van The Financial Analyst. Deze scholen zijn daarom bereid om onbekende studenten te selecteren en hoge collegegelden te vragen.

Als de grandes écoles in drie jaar echter erg duur zijn, is dat niet om de zakken van hun aandeelhouders te vullen - die hebben ze meestal niet - maar om de groeiende kosten te dekken - collegegelden, hoe hoog ook, zijn niet voldoende.

Winstgevende studies

Is het redelijk om zulke hoge registratierechten te betalen? De vacaturezoekmachine Adzuna.fr vergeleek de verdiensten van verschillende opleidingsniveaus. Het blijkt dat studeren, zelfs duur, buitengewoon winstgevend is. Een afgestudeerde business school verdient tijdens zijn werkzame leven gemiddeld 700.000 euro meer dan een b + 2! Onderzoeken in de Verenigde Staten bevestigen dit en tonen aan dat het financiële voordeel van het diploma sinds het begin van de jaren tachtig niet is opgehouden te stijgen.

Deze 700.000 euro relativeert het collegegeld van de grandes écoles. Zoals een middelbare scholier in de inleiding zei: "het is het waard". Het enige probleem is om bij de start over het nodige kapitaal te beschikken. Als gevolg hiervan gaat het geld naar het geld, de rijksten hebben toegang tot de studies die hen het beste inkomen zullen opleveren.

De hoge registratierechten stimuleren de opkomst van de commerciële particuliere sector, door een prijsnorm te stellen die hen concurrerend maakt. De toename verspreidt zich vervolgens naar post-baccalaureaat business schools en vervolgens naar alle privéopleidingen. Zo hebben fysioscholen, waarvan de gemiddelde jaarbijdrage in 2012 gemiddeld 3.800 euro bedroeg, maar 8.700 euro zou kunnen bedragen, hun kosten zien stijgen. In 2014-2015 kondigden sommige scholen in Île-de-France een inschrijvingsgeld van 11.500 euro aan. Inflatie treft ook door de staat gefinancierde scholen.

Sciences Po Paris bracht de bal aan het rollen in 2003 en ging daarna over tot regelmatige verhogingen. Het collegegeld is gratis voor bursalen, daarna stijgen de collegegelden volgens het gezinsquotiënt, tot 9.940 euro per jaar voor een bachelordiploma en 13.700 euro voor een masterdiploma, voor een student wiens ouders een belastbaar inkomen hebben van meer dan 66.334 euro per jaar. eenheid, wat hoog is. Er moet echter worden opgemerkt dat de registratierechten sneller groeien dan het inkomen, tot een kwart per aandeel, alvorens te dalen tot slechts een vijfde, of zelfs veel minder voor rijke families. Van de middenklasse wordt dus de grootste inspanning gevergd.

Dit beleid is sterk bekritiseerd, omdat het instituut aanzienlijke overheidssubsidies ontvangt en omdat bleek dat de inschrijvingsgelden onder meer werden gebruikt om de aanzienlijke emolumenten van het management te financieren. De studenten van de UNEF (National Union of Students of France) schrijven op hun site:

Doelstelling 2013 [de nieuwe schaal van inschrijvingsgelden] is zeer beledigend voor de duizenden studenten uit de middenklasse, die al veel moeite hebben om hun studie te financieren en van wie sommigen waarschijnlijk nooit aan Sciences Po zouden hebben gedacht als de hervorming er al in zat plaats. De zoon van een leraar geeft bijvoorbeeld 3.450 tot 6.000 euro per jaar uit aan de masteropleiding volgens de nieuwe regeling, dat wil zeggen twee maandsalarissen van een van zijn ouders, dit alles zonder uiteraard de kosten van het leven in Parijs mee te tellen. Moeten de zonen van leraren op de middelbare school als bevoorrecht worden beschouwd? Onderaan de tabel hetzelfde scenario: zeker, er wordt meer vrijgesteld, maar een gezin met een maandinkomen van 2.000 euro per ouder ziet zijn collegegeld bijna verdubbelen, van 530 naar 900 euro per maand.

De andere IEP's volgen stilaan dezelfde strategie, zoals Dauphine, dat de status heeft van een grote vestiging en dus vrij inschrijfgeld kan bepalen. Alle passen min of meer progressieve schalen toe volgens de middelen van de families, de rechten gaan tot 3.800 euro bij Sciences Po Toulouse en 5.940 euro bij Dauphine. Het IEP van Aix-en-Provence gaat verder. Het ontwikkelt partnerschappen met verschillende particuliere organisaties, in Frankrijk of in het buitenland - het is ook betrokken bij de educatieve vrije zone van Mauritius. Tegen een vergoeding van 1.000 euro per student bestempelt Sciences Po Aix een opleiding, in het bijzonder een master 2 in de politieke wetenschappen, zonder dat het instituut of zijn docenten deelnemen aan de cursussen. Deze parallelcursussen zijn erg duur, aangezien de inschrijvingsgelden soms meer dan 10.000 euro per jaar bedragen. Maar de kwaliteit van het onderwijs staat ter discussie. Leraren van Sciences Po Aix hekelen opleidingen die zij als dubieus beschouwen, "geleid door amateurs [5] » en de andere IEP's dreigen het IEP van Aix uit te sluiten van hun gezamenlijke competitie als deze praktijken doorgaan. Inderdaad, waarom duur betalen voor wat veel goedkoper kan worden verkregen in Aix, zo niet omdat de academische vereisten lager zijn? Het risico van devaluatie van diploma's en bijgevolg van het merk "Sciences Po" is reëel. In het najaar van 2014 leidde deze controverse tot het vertrek van de directeur van het IEP van Aix.

Overgeërfd uit een lange republikeinse traditie, zijn openbare technische scholen bijna gratis. Zo werd de École Polytechnique in 1794 opgericht door de Commissie Openbare Werken op instigatie van het Comité van Openbare Veiligheid. De status werd in 1804 door Napoleon gemilitariseerd om studenten die de neiging hadden om het regime uit te dagen, beter onder controle te houden. Om de rekrutering van de school te democratiseren en geen enkele begaafde leerling uit te sluiten vanwege zijn onvermogen, "ontvangen de toekomstige studenten bij de oprichting om naar Parijs te gaan de reiskosten van een eerste klas boordschutter, of 15 sous a dag, en ze moeten een salaris van 900 frank per jaar ontvangen ".

Deze zorgen zijn zeer actueel. Een leer die op geld selecteert, begaat een groot onrecht, maar berooft zichzelf ook van talent. Hier zijn echter de technische scholen die door de besmetting zijn gewonnen: de negen scholen van de École des mines-groep verhoogden de collegegelden van 850 euro naar 1.850 euro voor Franse en Europese studenten in 2014. De vier scholen die afhankelijk zijn van het ministerie van Defensie eisten in 2015 inschrijvingsgelden van 2.300 euro, bijna het dubbele van vorig jaar. Ook de nieuwe Centrale Supelec-groep zou in 2015 een verhoging moeten aankondigen. Deze stijging wordt gevoed door dezelfde dynamiek als die van de business schools (lerarensalarissen, studentenvoorzieningen, moderniseringsinvesteringen).

In een geglobaliseerde economie is deze toename

niet per se schokkend: als ingenieurs die aan de Grandes Ecoles zijn afgestudeerd naar het buitenland gaan, zoals de meesten hun intentie uitspreken, is het dan consistent om bijna 300.000 euro overheidsgeld te blijven uitgeven om elk van hen op te leiden? Het probleem ligt al op het openbare plein in Spanje, waar de emigratie van jonge afgestudeerden naar Duitsland of Latijns-Amerika voor de gemeenschap een nettoverlies van 200.000 euro per afgestudeerde vertegenwoordigt.

Natuurlijk maakt de stijging van de salarissen het voor openbare instellingen moeilijk om hun leraren te behouden. Laten we ons voorstellen dat een briljante econoom, geslaagd voor de beste scholen en gepubliceerd in Amerikaanse tijdschriften, lesgeeft aan de London School of Economics (LSE). Als onderzoeker in Frankrijk wordt hij ook gevraagd om cursussen te geven aan Franse universiteiten. Kan hij het officiële tarief van 60 euro per lesuur accepteren, terwijl hij het driedubbele over het Kanaal wint? Dit zou niet alleen een inefficiënt gebruik van zijn tijd zijn, een argument waar economen bijzonder gevoelig voor zijn, maar de LSE zou zich ook kunnen afvragen waarom het hem 200 euro zou moeten betalen als hij ermee instemt voor 60 euro te werken.

Universiteiten zijn daarom creatief om hun docenten beter te betalen. Lessen in kleine groepen worden betaald zoals amfitheaterlessen, die echter meer voorbereiding vergen. Min of meer verborgen budgetten financieren bonussen voor het maken van cursussen of het organiseren van lessen (wat allesbehalve schandalig is). Cursusuren worden betaald zonder dat ze worden gegeven (wat veel twijfelachtiger is). Het Rekenhof heeft Sciences Po Paris (opnieuw!) vastgepind vanwege de ondoorzichtigheid van haar salarispraktijken en de hoge beloning van bepaalde leraren. Sommigen zouden fulltime worden betaald terwijl ze slechts 30% van de verschuldigde service uitvoeren.

Verschillende universiteiten dreigen financieel te verstikken en dreigen te sluiten om de aandacht te trekken, om opnieuw te onderhandelen over hun toewijzingen, maar ook simpelweg omdat hun managers geen andere oplossing zien. Anderen zoeken extra financiering bij studenten, flirten met wetgeving en controle door het ministerie. Ook de UNEF stapte meermaals naar de rechter om de verhoging van de collegegelden tegen te gaan. Universiteiten nemen daarom hun toevlucht tot slinkse middelen om de tarieven te verhogen. Het inschrijvingsgeld, inschrijving bij de universiteitsbibliotheek of de sportvereniging verhogen het collegegeld tot 600 euro per jaar in Straatsburg en zelfs tot 800 euro aan het Instituut voor Economische Administratie (IAE) in Grenoble-II, aldus UNEF.

Een techniek die een veel substantiëlere verhoging mogelijk maakt, bestaat erin universitaire diploma's te creëren, zonder nationaal statuut en die dus ontsnappen aan de schaal van inschrijvingsgelden. De Paul Cézanne Universiteit in Marseille biedt dus universitaire graden aan voor 6.000 euro; de IAE van de Universiteit van Aix-Marseille rekent sommige masters 8.400 euro aan voor initiële opleiding en nog veel meer voor permanente educatie. Bij Paris-I huren organisaties die permanente educatie aanbieden klaslokalen van de universiteit. Bij gebrek aan middelen verhoogde het de huur, waardoor de opleiding gedwongen werd de inschrijvingsgelden te verhogen. Bij de voorbereiding op het toelatingsexamen voor de master in Sciences Po

Paris, waarvan het kenmerk was dat het veel goedkoper was dan dat van IPESUP, werden bijvoorbeeld de prijzen verhoogd vanwege de lekke band die door de universiteit werd uitgevoerd. Als gevolg hiervan verloor het zijn concurrentievermogen... tot tevredenheid van sommige leraren, die het betreurden dat hun beste studenten aan deze opleiding begonnen en vervolgens naar Sciences Po gingen in plaats van zich voor te bereiden op hun masterdiploma in Paris-I [7].

Over het algemeen kunnen voorbereidingen voor wedstrijden, die niet door het ministerie worden gereguleerd omdat ze niet voorbereiden op nationale diploma's, veel hoger worden gefactureerd dan de normale inschrijvingsgelden. Tien jaar geleden waren ze bijna gratis. In 2013 werd de voorbereiding op de door ENS Cachan georganiseerde aggregatie gefactureerd op 6.400 euro! De koppeling van een universitair diploma met een privéopleiding maakt het ook mogelijk hoge honoraria te vragen. Opgericht door een zakenman, zal de Ferrières-school, een nieuwe luxe school die in 2016 haar deuren zal openen in het voormalige eigendom van de Rothschilds, samenwerken met de Universiteit van Paris-Est-Marne-la-Vallée. De studenten, zorgvuldig uitgekozen en betalen 18.000 euro per jaar, krijgen cursussen van academici en krijgen een professionele licentie. De scholen voor beroepsonderwijs, die door geen enkele reglementaire bepaling worden beperkt, passen hun collegegeld aan hun financiële behoeften aan. De CFJ, een journalistieke school met een associatieve status, verhoogde het collegegeld in één keer met 40% om het in 2013 op 5.000 euro te brengen (de helft minder voor bursalen), omdat een terugkeer naar financieel evenwicht absoluut noodzakelijk was . Geconfronteerd met een tekort van 2 miljoen euro in haar opleidingssector, besliste de AP-HP (Assistance publique-hôpitaux de Paris) eind 2014 plotseling om het inschrijvingsgeld voor de school voor verpleegkunde te verhogen van 300 euro per jaar naar... 8.000 euro, behalve voor studenten die een subsidie ontvangen van de Regionale Raad of Pôle Emploi. Verrassend genoeg kan deze voorziening met terugwerkende kracht worden ingevoerd, waarbij van derdejaars studenten 24.000 euro wordt gevraagd. Gezien de vergoeding van verpleegkundigen zal rekrutering zeer moeilijk worden.

Een recente hervorming zal de financieringsproblemen van scholen verergeren door hen de middelen te ontnemen die ze momenteel uit de bedrijfsbelasting halen. Bedrijven participeren in de financiering van het onderwijs via de leerbelasting, die 0,5% van het betaalde loon bedraagt, 's avonds 2,8 miljard euro [8]. Een aanzienlijk deel van dit bedrag wordt toegewezen naar goeddunken van de bedrijven, die worden geworven door de vestigingen, van middelbare scholen tot grote scholen. Leren is inderdaad veel veranderd. Hij blijft meubelmakers en slagers opleiden, maar ook ingenieurs en kaderleden. Een op de tien middelbare scholieren is leerling.

De hervorming van 2014 heeft de verdeling van de belasting ingrijpend gewijzigd, die nu voornamelijk door de gewesten wordt aangestuurd. Bezorgd om tegemoet te komen aan de eisen van kleine lokale bedrijven en om hun uitgaven te beperken, sturen ze de middelen naar de middelbare scholen voor beroepsonderwijs, waardoor de regionale subsidies aan de genoemde middelbare scholen met hetzelfde bedrag worden verlaagd. Voor de Grandes Ecoles komt de klap hard aan, want deze financiële meevaller vertegenwoordigde tot 20% van hun budget. Er staat tweehonderd miljoen euro op het spel voor de grandes écoles, veel meer voor het hele hoger onderwijs.

Dit zal vestigingen waarschijnlijk dwingen hun tarieven te verhogen of hun diensten te verminderen.

Hoe zit het met buitenlandse studenten?

Ver achter de Verenigde Staten en het Verenigd Koninkrijk is Frankrijk het op twee na grootste gastland voor buitenlandse studenten, ongeveer vergelijkbaar met Duitsland en Australië. Ongeveer een op de vijftien buitenlandse studenten kiest voor Frankrijk, een percentage dat geldt voor een sterk groeiende markt. Een op de acht studenten in Frankrijk is buitenlands. In een in januari 2015 gepubliceerd rapport stelde France Stratégie ronduit voor om de inschrijvingsgelden voor buitenlanders buiten de Europese Unie te verhogen van 183 euro naar 6.000 euro voor een bachelordiploma, van 254 euro naar 12.000 euro voor een masterdiploma en van 500 euro naar 15.000 euro op de ingenieursschool. Het doel zou zijn om middelen te vinden om het hoger onderwijs op peil te brengen.

Het land bevindt zich vandaag in een dubbelzinnige situatie. Aan de universiteit betalen buitenlanders, net als de anderen, in de eerste cyclus 183 euro per jaar. Maar elders gaan de tariefverhogingen gepaard met prijsdiscriminatie van niet-EU-buitenlanders, waartegen ook studentenorganisaties beroep aantekenen bij de Raad van State. Zo betaalden studenten in de negen openbare scholen van Mines Telecom in 2014 1.850 euro tegen 850 euro in 2013, maar degenen van wie de ouders buiten de Europese Unie wonen, betalen nu 3.800 euro. Deze verviervoudiging hangt samen met de vermindering van de overheidssubsidie. Bij Sciences Po Paris hebben buitenlanders recht op het hoogste tarief (13.700 euro), ongeacht hun gezinsinkomen,

Het beleid ten aanzien van buitenlandse studenten aarzelt tussen twee deels tegenstrijdige doelstellingen: van Frankrijk een land van welkom maken, met name voor Franstaligen, om de culturele invloed van het land te accentueren, of van het hoger onderwijs een exportproduct maken, zoals naar het Verenigd Koninkrijk of Australië. Deze twee beleidsmaatregelen zijn niet gericht op dezelfde studenten, alleen al vanwege hun geografische herkomst: degenen die bereid zijn hoge collegegelden te betalen, komen voornamelijk uit Europa en Azië, terwijl bijna de helft buitenlandse studenten in Frankrijk Afrikaans zijn. Internationale invloed is gebaseerd op gratis toegang, zoals in Duitsland, terwijl de economische doelstelling gebaseerd is op plaatsing op internationale ranglijsten, de kwaliteit en omvang van studentenvoorzieningen.

Het gratis toelatingsbeleid ten gunste van buitenlandse studenten is onderwerp van kritiek in Duitsland, maar de demografische situatie pleit er krachtig voor. Zweden, overweldigd door een kostbare instroom in de jaren 2000, legde in 2011 hoge collegegelden op, waardoor het aantal buitenlandse studenten van buiten de EU met vijf daalde. Quebec, dat sinds 1978 Franse studenten financiële voorwaarden biedt die even gunstig zijn als Quebecers, is van plan dit voordeel, dat de provincie Belle 75 miljoen dollar zal kosten, af te schaffen.

De in Frankrijk aanbevolen oriëntatieverandering, die eind 2014 al door de minister van Hoger Onderwijs werd genoemd, zou een revolutie zijn die het ontvangen publiek aanzienlijk zou veranderen. Een uitgebreid beurzenbeleid zou een ineenstorting van het aantal studenten met beperkte financiële middelen voorkomen, schat het rapport van France Strategy. Men kan zich afvragen op welke basis deze steun zou worden toegekend.

Bovendien, om het aantal onbekende studenten daar te laten blijven, zou Frankrijk de mogelijkheid moeten hebben om te concurreren met de Oud-Engelse Saksen door studenten uit te nodigen die geschikt zijn om hoge onderwijskosten te betalen. In feite is Australië het land waar studeren het duurst is, wat het land er niet van weerhoudt talloze studenten aan te trekken, vooral Aziaten. In feite zijn

Amerikaanse en, verrassend genoeg, Engelse hogescholen overdreven duur. Hoe het ook zij, de boeiende kwaliteit van de Engelse taal is fundamenteel. Bovendien bieden deze hogescholen, diep gepositioneerd in wereldwijde ranglijsten, bijvoorbeeld de positie in Shanghai, een verhoogde mate van understudy-administraties. In Frankrijk selecteert Sciences Po effectief betalende onbekende studenten. Zo is een aanduiding van de school voor altijd aanwezig in de Plaats die bekend staat om de Rijzende Zon, in die mate dat de Japanners die zich willen concentreren op open regulering in Frankrijk afhankelijk zijn van deze school; Japanstaligen nodigen leerlingen uit om hun uiterlijk te verbeteren om met hun coördinatie te werken. Het college heeft nog lang niet de mogelijkheid om hetzelfde te doen. Het nodigt studenten uit in materiële omstandigheden niet moordend te zijn.

Zakelijke professionals?

In Moo (1995) werpt schrijfster Jane Smiley een scherpe, geamuseerde blik op docenten aan een Amerikaanse universiteit. Aan de rand van deze gemeenschap, of misschien wel in de voorhoede, is Dr. Gift, een econoom, een KMO op zich. Docent, onderzoeker en adviseur, hij verliest zijn materiële belang nooit uit het oog. Hij onderscheidt zich door een scherp gevoel voor berekening en een gestoorde verbeeldingskracht als het om winnen gaat. Hij is natuurlijk veel rijker dan zijn collega's. Dit personage is het prototype van een nieuw model van leraar-ondernemers. De logica van het sterrenstelsel, dat gekenmerkt wordt door grote ongelijkheid in de inkomensverdeling, wordt zo in het onderwijs geïmporteerd. Tennis heeft bijvoorbeeld honderden professionele spelers,

Wat dat betreft lopen de grote Amerikaanse universiteiten voorop. Al in 1998 had Columbia University de krantenkoppen gehaald toen het erin slaagde de stereconoom Robert Barro van Harvard weg te rukken voor $ 300.000 per jaar, plus $ 150.000 aan extralegale voordelen, wat veel hoger was dan de salarissen in die tijd (en nog steeds niet in verhouding staat tot de beloning van een Franse academicus). Zo'n salaris zou tegenwoordig belachelijk zijn. In 2013, volgens een gespecialiseerde site (www.thebestschools.org), wordt de top 10 van Amerikaanse academici gedomineerd door David Silvers, professor dermatologie aan Columbia, wiens jaarsalaris $ 4,33 miljoen is! De bewonderende opmerking van de site: hij wordt net zo goed betaald als basketbal- of voetbalcoach van de universiteit...

Deze beloningshiërarchie wordt gevonden bij gepubliceerde auteurs. Schoolboeken zorgen voor een bescheiden inkomensaanvulling voor de meeste academici, maar econoom Gregory Mankiw heeft 20 miljoen exemplaren van zijn Principles of Economics verkocht, tegen een eenheidsprijs van 50 euro in Frankrijk en 292 dollar in de Verenigde Staten (!), wat hem een multimiljonair maakt.

Deze logica zal zich uitbreiden door online cursussen, Moocs. Udemy nodigt bijvoorbeeld iedereen uit die zijn cursus online wil aanbieden en bepaalt tegen welke prijs deze wordt verkocht. Deze cursussen zouden een gemiddelde winst van $ 7.000 per jaar vertegenwoordigen. Maar sommige sterleraren verdienen honderdduizenden dollars per jaar. We gaan inderdaad van een wereld waar er één leraar was voor honderd studenten, met heel weinig opties voor hen, naar een wereld waar de sterleraar zich oneindig kan vermenigvuldigen via internet. In plaats van min of meer goede docenten die allemaal dezelfde beloning krijgen, gaan we naar een extreme differentiatie, in ieder geval op universitair niveau.

Het hoger onderwijs loopt daarom het risico dat de leraren van zijn economisch model zich binnenkort bezighouden met het maximaliseren van hun marktwaarde en het zo goed mogelijk onderhandelen daarover. Een heel begrijpelijke ontwikkeling: als er een onderwijsmarkt komt, waarom zouden leraren dan als enige daar niet van profiteren? Het is echter te vrezen dat de niveauverschillen tussen vestigingen groter zullen worden en dat de logica van commodificatie zal worden versneld.

Loondifferentiatie betekent niet dat we een tijdperk van leraarovervloed ingaan. Het kenmerk van het sterrenstelsel is dat het alleen van toepassing is op sterren. De taaldocenten van een business school in Bordeaux lanceerden een petitie toen hun uurloon plotseling daalde van 41 naar 30 euro per uur, als gevolg van een statuutwijziging. Dat is minder dan een gecertificeerde leraar op een middelbare school.

Bovendien kunnen schendingen van de ethiek zich vermenigvuldigen. We hebben een glimp opgevangen van de obscure regelingen die zijn verbonden rond de toekenning van wetenschappelijke publicaties. Sommige leraren maken zoveel overuren dat hun collega's gaan twijfelen aan de ernst van hun werk. Anderen corrigeren kopieën van wedstrijden in de keten: tot zeshonderd exemplaren van toegang tot de business school in drie weken, prestaties die verondersteld worden diagonaal te lezen of een deel van de correcties uit te besteden, relatief goed betaald.

De opwaartse trend van de prijzen is dan ook heel duidelijk in de hogere sector. Het is moeilijk te zien wat het in twijfel zou kunnen trekken. Geconfronteerd met economische onzekerheden mobiliseren gezinnen de middelen waarover ze beschikken, inclusief hun vermogen om kosten , wanneer deze bestaat. Natuurlijk zorgen de huidige tarieven ervoor dat veel cursussen voor de meerderheid van de bevolking onbereikbaar zijn. Dit is schokkend en in strijd met het principe dat onderwijs, een essentiële dienst, voor iedereen toegankelijk moet zijn. Veel scholen, die zich bewust zijn van het probleem, werken actief aan het verhogen van de financiering voor hun studenten of het kwijtschelden van schoolgeld voor de armsten. Dit beleid, dat in verspreide volgorde wordt uitgevoerd, redt het idee dat een leerling, zelfs met een bescheiden achtergrond, naar de beste scholen kan gaan zonder iets te betalen voor de basisbehoeften.

Hoofdstuk 8 Opmerkingen

1. Branko MILANOVIC en RoyVAN DERWEIDE, "Ongelijkheid is slecht voor de inkomensgroei van de armen (maar niet voor die van de rijken)", Vox EU, 29 november 2014.

2. Deze schattingen en de volgende zijn verkregen door verschillende bronnen te kruisen, met name de ranglijsten van L'Étudiant en L'Express, evenals de aantekeningen van het Boivigny Instituut.

3. VSOUR ACCOUNTS, The Business and Management Schools (ESCG): een te reguleren ontwikkeling, februari 2013.

4. Zie Jessica GOURDON, "Achter de schermen van de sterleraren van het transfervenster ", L'Express, 4 mei 2011.

5. Louise FESSARD en Jean-Marie L.FORESTRY, "Sciences Po Aix verkoopt zijn diploma's in het buitenland", Mediapart, 3 oktober 2014.

6. Ecole Polytechnique-website,

7. Deze opleiding verdween uiteindelijk in 2014, na protesten van de UNEF, die zich systematisch verzet tegen betaalde opleidingen aan de universiteit.

8. De realiteit is veel complexer: het tarief verschilt per regio en per bedrijf; er zijn niet één maar drie belastingen, enz. Sinds 2002 is het leerlingwezen zes keer hervormd! Voor meer informatie, zie het

senatoriaal rapport van François Patriat (2013).

9

Hoe zijn studies te financieren?

S je islas is erg van streek: zijn ouders luisterden naar me en stemden er alleen mee in zijn business school te financieren als hij in een van de top twintig wordt opgenomen; anders gaat hij naar de voorbereiding. Want betalen voor een middelmatige school is geen rendabele investering als je de keuze hebt voor je studie. Een student bereidt zich voor om lid te worden van Glion, een gerenommeerde en te dure Zwitserse hotelschool. "Mijn ouders betalen de helft, de rest ga ik lenen", legt ze uit. Zelfs bij François Quesnay ontdekken de leerlingen dat hun ouders niet noodzakelijkerwijs de school van hun dromen zullen financieren.

Zoals we hebben gezien, kost onderwijs steeds meer. Deze trend zal waarschijnlijk toenemen. Voor de meeste studenten zal het verkrijgen van financiering een belangrijke en gecompliceerde bezigheid worden: een bedrijf vinden voor werk-studie, de verschillende soorten bestaande beurzen verkennen, de scholen selecteren die de meeste steun verlenen, onderhandelen met zijn bank. Als we een nieuwe specialisatie voor coaches zouden voorstellen, dan is het adviseren over de financiering van het hoger onderwijs ongetwijfeld een baan met toekomst.

De prijsstijging zal doorzetten

De collegegelden voor business schools stabiliseren, maar de algemene opwaartse trend zal naar verwachting doorzetten. De totale kosten van een student zijn in Frankrijk iets lager dan het gemiddelde van de OESO-landen, een groep die ontwikkelde landen omvat, maar ook Turkije of Mexico. Aangezien deze het gemiddelde naar beneden halen, zou het normaal zijn dat Frankrijk boven het gemiddelde uitsteekt. Een gemiddelde opleiding in het hoger onderwijs kost 60.000 dollar in Frankrijk tegen 90.000 dollar in de Scandinavische landen, een enorm verschil dat zowel kan worden verklaard door de kortere studieduur in Frankrijk (gemiddeld vier jaar, tegen vijf in de Scandinavische landen) als door lagere jaarlijkse uitgaven per student. We kunnen er dus vanuit gaan dat de stijging doorzet,

Deze uitgavenstijging zou heel goed door de staatsbegroting kunnen worden opgevangen. Hoewel de aandacht de laatste jaren vooral is getrokken door de Angelsaksische landen, waarvan het hoger onderwijssysteem de contouren lijkt te trekken van een mondiale onderwijsmarkt, mag niet worden vergeten dat in andere landen, zoals Duitsland of Zweden, over het algemeen studies worden gedaan op universiteiten, die niet met elkaar concurreren en bijna gratis zijn. Afgaande op de economische prestaties van deze landen heeft dit systeem zichzelf bewezen.

Maar deze organisatie zou een sterke verhoging

van de overheidsfinanciering veronderstellen, wat onwaarschijnlijk is in de huidige context, waarin de overste al geconfronteerd wordt met een ongekend tekort aan middelen. Volgens de OESO daalt het aandeel van overheidssubsidies - dat daalde van 85,3% in 1995 tot 81,9% in 2010 - voortdurend in Frankrijk. De rivaliteit tussen de staten om de hogescholen is in 2013 met 5% gedaald. 2014 wordt nauwelijks beter1.

Het moet gezegd worden dat het aantal studenten is ontploft: in 2013 waren het er 2,3 miljoen tegen 1,2 miljoen in 1980. Deze studenten blijven langer in het voortgezet onderwijs: ongeveer meer dan twee jaar, bijvoorbeeld het dubbele van het begin van de jaren tachtig. In totaal had in 2013 49% van een leeftijd een erkenning voor hoger onderwijs, tegenover 42,5 % in 2005, en het doel van één jongere op twee zou in 2015 bereikt moeten zijn. om gelijke tred te houden met in wezen gratis onderwijs. Het kwam niet voor.

Het tekort treft eerst de colleges. Een vierde van hen is bijna failliet, enkele stichtingen zijn onder curatele gesteld. De omstandigheden zijn beter in de Grandes Ecoles of de IUT's. In ieder geval stijgen overheidstoekenningen minder snel dan uitbreiding en aanzienlijk minder snel dan kosten. Werkkredieten toegestaan aan openbare ontwerpscholen daalden zelfs met 20% in 2013-2014. De feiten bevestigen echt dat monetaire eisen moeilijk te versoepelen zijn. Finish van de opzichter van Télécom Paris Tech: "We moeten verhuizen om het geld te krijgen waar het is2." De leider van

Dauphine is preciezer: "We zullen binnenkort moeten ontsnappen aan praktisch gratis hoger onderwijs3."

Business schools vragen om een wijziging van hun status. Nu verbonden aan de CCI's, streven ze naar meer autonomie om fondsen te werven. De hervorming, gepland voor 2013, werd uitgesteld om redenen van politiek vertoon. Het idee is om hun status dichter bij die van naamloze vennootschappen te brengen en tegelijkertijd te garanderen dat het grootste deel van hun kapitaal in handen blijft van de CCI's. Ondertussen blijft het collegegeld de belangrijkste hefboom om op in te spelen.

Hoe te betalen ?

Op woensdagochtend krijgen eerstejaarsstudenten hun eerste les in het grote amfitheater van Dauphine. Voor mij honderden kleine lichtgevende appels: ze hebben allemaal een MacBook. Als ik van dia verwissel op het scherm achter mij, komen er honderden hightech smartphones tevoorschijn en maken leerlingen foto's van de grafiek of grafiek die net is verschenen. Tijdens een kleine groepsles gebruikt een student een enorme en onooglijke computer, die contrasteert met de gestroomlijnde machines van geborsteld aluminium die de norm zijn in het etablissement. Informatie genomen, het komt van ZEP, na een overeenkomst met Dauphine. Het is duidelijk dat prestigieuze instellingen rekruteren onder de rijke categorieën. En de anderen ?

Het aandeel studenten van wie de familie de studies kan financieren, neemt ernstig af naarmate hun kosten en duur toenemen. Maar de evolutie van de uitgaven betreft niet alle formaties en is nog niet geïntegreerd door de bevolking. Gezinnen worden daardoor overrompeld. Levend met het imago van de school van Jules Ferry, openbaar en gratis, hebben ze zich niet gerealiseerd hoeveel moeite gezinnen doen om te anticiperen op het hoger onderwijs van hun kinderen in bijvoorbeeld Azië. Niet alle jongeren hebben dus de financiële middelen om een studiekeuze te maken. Het is vrij duidelijk als je de voorgaande hoofdstukken leest, maar het is nog steeds een schok.

Ook betalende scholen zijn zich hiervan terdege

bewust, bieden diverse hulpmiddelen aan en maken dit bekend. "Om ervoor te zorgen dat de kosten van scholing geen belemmering vormen voor uw toekomstplannen, zijn er verschillende financiële oplossingen voor u beschikbaar", schrijft de ESCOM-school voor scheikunde op haar site. Hoe meer geld onderwijsongelijkheden vergroot, hoe meer de vermindering ervan wordt gepresenteerd als een essentiële doelstelling, tegen alle realiteit in. Zo verklaarde de voorlopige beheerder van het nieuwe IEP dat in 2014 werd geopend, dat "de vestiging aan de rand van de hoofdstad [het] in staat zal stellen de Sciences Po-sector te vestigen in de vaak verwaarloosde gebieden van Île-de-France [4] ". Verklaring die niet zou behouden let op als dit nieuwe IEP niet was gevestigd in... Saint-Germain-en-Laye, een stad in het zeer rijke departement Yvelines, waar het gemiddelde inkomen 60.000 euro per huishouden bedraagt.

Terwijl de kosten van het onderwijs stijgen, trekt het tegelijkertijd een breder en dus populairder publiek aan, voor wie geldgebrek een reden is om voortijdig te stoppen met studeren; omdat zelfs een jaar gratis studeren hoge kosten met zich meebrengt, namelijk het opgeven van een salaris. Twee economen hebben ook aangetoond dat een jaarlijkse steun van 1.500 euro de kans op (her)inschrijving aan de universiteit met twee tot vijf procentpunten verhoogde en met vijf procentpunten die op het behalen van een masterdiploma. [5] . Het is daarom goed dat het gebrek aan geld een belemmering vormt voor studies. De financieringsvraag is dus cruciaal.

Een antwoord op de kwestie is om studenten van een inkomen te voorzien. Er is geen Zweeds "understudy-loon" in Frankrijk en de RSA is niet beschikbaar voor deze classificatie. Subsidies worden dan weer verleend op basis van vriendelijke normen. In Frankrijk worden ze gespaard voor uitzonderlijk eenvoudige gezinnen: voor een alleenstaand kind zou het volledige salaris onder de 2.200 euro per maand moeten liggen, de beloning is 1.000 euro voor het jaar op dit niveau, dat betrekking heeft op een centimeter, niet op een roeping. In 2014 kon de subsidie niet hoger zijn dan 5.500 euro per jaar, een bedrag gelijk aan dat van de RSA en ver onder de armoedegrens.

Het aantal beurshouders in het voortgezet onderwijs is uitgebreid vanwege de vorming van "nultariefbeurzen" (er wordt geen geld betaald, maar de ontvanger is vrijgesteld van onderwijskosten) en omdat er voortgezet onderwijs beschikbaar is om vriendschappelijke klassen neer te halen. Het overschrijdt momenteel een derde en de totalen die door de staat worden betaald, zijn vanaf ongeveer 1995 met de helft gestegen. Hoe het ook zij, slechts een enkele understudy op acht krijgt een beloning van meer dan 300 euro per maand.

De bescheiden hoeveelheid beurzen wordt enigszins gecompenseerd door de verblijfstoelage, waarvan het deel vrij is van de manier van leven, die smeekt om ongelijk te krijgen. Niettegenstaande hogescholen, sommige scholen, bijvoorbeeld IEP's en consulaire bedrijfscolleges, hebben beurshouders uitgesloten van alle of een deel van de rekruteringskosten. HEC is momenteel gratis voor alle staatsbeurshouders, terwijl ESCP-beurshouders zijn uitgesloten van een deel van de inschrijvingskosten. Het totaal aan subsidies binnen het systeem van bedrijfssponsoring is bij ESSEC vele malen kleiner (350.000 euro in 2013) dan bij HEC (1.750.000 euro), maar daar is bijstand mogelijk. Met uitzondering van HEC volgt tussen de 10% en 30% van de businessschoolstudenten een duale opleiding, als onderdeel van een leertijd of een professionaliseringscontract, voor één, twee of drie jaar. Dubbel voordeel: het collegegeld wordt betaald door het bedrijf en de student wordt vergoed. In ruil daarvoor werkt hij een deel van zijn tijd in een bedrijf. Doordat hij minder beschikbaar is voor zijn studie, is het voor hem moeilijker om tijdens zijn leertijd stage te lopen in het buitenland. Scholen vragen over het algemeen meer voor werkstudenten, wetende dat het de bedrijven zijn die de rekening betalen. Evenzo kunnen de meeste beroepsopleidingen duaal worden gevolgd, met name ter voorbereiding op een BTS of een DUT.

Lenen, maar dan?

Hoe kan het hoger onderwijs worden betaald van degenen die te rijk zijn om van voldoende hulp te profiteren, maar ook te arm zijn om dure opleidingen te financieren? Er is een groot risico dat de middenklasse wordt verdreven. Bij Sciences Po Paris heeft de invoering van hoge inschrijvingsgelden, maar sterk gemoduleerd volgens het inkomensniveau, geleid tot zowel een toename van het aandeel bursalen, zelfs als het de door het ministerie vastgestelde drempel van 30% niet haalt, en een toename van het aandeel studenten uit de meest bevoorrechte categorieën; wat deze angst lijkt te bevestigen.

De logische oplossing voor de middenklasse is lenen. Als de diploma's winstgevend zijn, vertegenwoordigen ze immers de verwachting van een toekomstig inkomen dat het mogelijk zal maken om zich terug te betalen. De Grandes Ecoles hebben vaak overeenkomsten met de banken, die maar al te graag nieuwe klanten aanwerven die toekomstige kaderleden zijn. Een van mijn vrienden vertelde me met trots dat zijn dochter, een briljant afgestudeerde van de École des mines die haar opleiding wilde afronden met een masterdiploma aan het MIT, zeer goed was ontvangen door haar bankier. Omdat studieleningen beperkt waren tot 25.000 euro, had hij haar er twee toegekend, tegen de koninklijke rente van 1,6%. Zo financiert ze al haar opleidingen. Wat de aflossing van de lening betreft, zou het niet verwonderlijk zijn als zijn eerste werkgever deze voor zijn rekening zou nemen. Een jonge executive vriend van mij die besloot een MBA voor te bereiden om zijn carrière een boost te geven, besloot om de London School of Business/Columbia double degree te kiezen. Het inschrijfgeld van $120.000 (jawel: honderdtwintigduizend dollar) werd zonder problemen door zijn bank voorgeschoten.

Maar voor een student wiens ouders slechts 500 euro per maand betalen en die vanaf het eerste jaar vijf jaar studie moet bekostigen, ligt het veel ingewikkelder. Het bedrag dat hij nodig heeft is hoog: bijvoorbeeld 800 euro per maand gedurende vijf jaar is 50.000 euro. Als hij een lening van dit bedrag krijgt, wat niet erg voor de hand ligt, zelfs met een tarief van 3%, zal hij hoge leningrente moeten betalen, omdat hij pas aan het einde van zijn studie begint met aflossen. Aan de andere kant is lenen een groot risico als de vooruitzichten op werk niet verzekerd zijn of als de beoogde opleiding zeer selectief is en men bereid moet zijn om met dit risico te leven.

Van zijn kant garandeert de staat leningen aan elke student die erom vraagt. Meer specifiek garandeert het 70% van het wanbetalingsrisico, maar de lening mag niet hoger zijn dan 15.000 euro. Dit zijn dus aanvullende hulpmiddelen en geen globale oplossingen. De staat rechtvaardigt zijn tussenkomst door de moeilijkheden die studenten, met uitzondering van die van de Grandes Ecoles, ondervinden bij het verkrijgen van geldleningen. Sterker nog, 300.000 studenten, dat is één op de acht, hebben een lening bij de bank afgesloten. Maar de helft van degenen die dat wilden, werd geblokkeerd door het ontbreken van een gezamenlijke borg, specificeert de gespecialiseerde site Financetesetudes.com. Het adagium "je leent alleen aan de rijken" is hier heel goed van toepassing. Moeten we klagen? Dit is niet zeker, want als de lening zich uitstrekt tot minder lonende opleidingen dan de Grandes Ecoles, rijst de kwestie van het risico, zoals in Angelsaksische landen. In het Verenigd Koninkrijk, dat in september 2012 een strategie lanceerde van hoge collegegelden (9.000 pond of 10.700 euro per jaar) als afweging voor toelating tot door de staat gegarandeerde studiepunten voor studenten, kan 35% tot 40% van de voorschotten niet worden vergoed, zo blijkt uit een rapport van de Raad voor de Publieke Fondsen. Tegenwoordig betalen Engelse studenten een deel in echt geld en wagen ze zich in het rood voor het evenwicht, over het algemeen meer dan 25 of dertig jaar. Het kredietpercentage is soms zo hoog als 9%. In 2013 daalde het aantal inschrijvingen in hogescholen met 6%, terwijl dat van studenten die de middelbare school verlieten vrijwel stabiel bleef; de kosten van beoordeling lijken een afschrikkend verschil te maken. In de VS pakken understudy-leningen het kosmische bedrag van 1.200 miljard dollar aan. Alleen al overheidskredieten beïnvloeden 37 miljoen individuen. Volgens de Establishment for School Access and Achievement had 71% van de alumni in 2012 een bankkrediet om terug te betalen. In totaal bedroeg hun bedrag $ 33.000 in 2014. Terugbetalingen zijn gedekt (voorheen tegen 15% van het loon, nu tegen 10%), waardoor ze op de lange termijn worden verlengd: veel 50-plussers hebben hun understudy-leningen niet terugbetaald. Zonder hulp van familie kan een New Yorkse tandarts-specialist zijn beroep moeizaam beginnen met een verplichting van 400.000 euro! Men kan zich voorstellen, op zo'n totaal, wat de rentelast betreft ... wat gevolgen zal hebben voor de rekening die door de patiënten wordt betaald.

Het wanbetalingspercentage op deze voorschotten was 12% in 2013, maar dit cijfer bagatelliseert het probleem. De waarheid wordt verteld, studenten zijn uitgesloten van afbetaling totdat ze niet zijn afgestudeerd. In verband met het aantal mensen dat hun verplichting moet terugbetalen, is het in feite een vierde van de ex-studenten die in gebreke blijft. Deze huidige omstandigheid is niet moeilijk te verklaren: 30% van de studenten met schulden behaalde geen diploma. Anderen zijn werkloos of hebben later tegenslagen meegemaakt. Zoals te verwachten, kondigde de grootste bank van Amerika, JP Morgan Chase, in het najaar van 2013 aan universiteiten aan dat ze geen studieleningen meer zou verstrekken.

We zijn duidelijk niet in Frankrijk. Wel moet worden opgemerkt dat in 2013 bijvoorbeeld 34% van de studenten fysiotherapie een lening aanging om de studie te financieren. De situatie is waarschijnlijk hetzelfde in andere gebieden.

45% student-medewerkers

Het opkomende financieringsmodel verdeelt de samenleving daarom in drieën: studenten uit de arbeidersklasse hebben recht op beurzen waarmee ze kunnen overleven, de middenklasse moet hun toevlucht nemen tot leningen en studenten met een bevoorrechte achtergrond rusten op hun gezin. Maar we mogen niet vergeten dat studenten geld kunnen verdienen. Uit regelmatig uitgevoerde enquêtes van de Observatory of Student Life blijkt dat het percentage studenten dat betaald werk heeft, toeneemt en in 2013 45 % bedroeg [6]. Nog verrassender is dat dit aandeel bijna hetzelfde is, ongeacht de sociale afkomst van de studenten.

Je moet natuurlijk wel de mogelijkheid hebben om te werken, dat wil zeggen de tijd en de mogelijkheden. De krankzinnige werktijden van studenten in voorbereidende klassen laten hen daar weinig tijd voor. Omgekeerd zijn studenten in kunst en geesteswetenschappen, die beperkte cursustijden hebben, degenen die het vaakst werken. De mogelijkheden zijn afhankelijk van de gevolgde opleiding en het studieniveau. Maar het is essentieel om studiegerelateerde banen van andere te onderscheiden.

Stages, leer-werksituaties of vakantiebanen die ervoor zorgen dat de verworven vaardigheden worden gewaardeerd, verbeteren ongetwijfeld de resultaten van studenten en hun professionele integratie. Samen met de studies geven ze er een concrete betekenis aan en versterken ze de motivatie van de studenten.

Omgekeerd vormen banen die geen verband houden met studies wat de Observatory of Understudy Life "beroepen gelijktijdig met studies" noemt. Ze kosten tijd, energie en voegen weinig toe aan de voorbereiding. Deze functies, die vaak laagbegaafd zijn, straffen studenten echt af als ze tot op zekere hoogte in de rust worden beoefend. Regelmatig ontkennen ze de laatste optie van de controle van hun rooster, omdat het moeilijk is om extra tijd af te wijzen, de werktijd te verkorten wanneer toetsen naderen en hun roosters aan te passen om voorbeelden te beoordelen. naar semesterwisseling. Deze posities verminderen duidelijk de voortgang in tests, dwingen moeilijke beslissingen, die ongetwijfeld kunnen worden bekeken in het overzicht van het Observatorium van het leven van studenten: 33% van de mensen die niet werken, wil misschien als zodanig werken, maar accepteert dat ze dat niet doen. t hebben de kans niet en 20% van de mensen die werken accepteert dat het hun examens belemmert. We stellen vast dat bursalen minder vaak werken dan de anderen.

Studenten met een bescheiden achtergrond zijn de individuen die de meeste respons hebben op dit soort zaken, terwijl de oefeningen van de nakomelingen van chefs verband houden met hun examens, door zich te concentreren op projecten, posities op instapniveau en open deuren die door enorme bedrijven worden aangeboden aan studenten van specifieke scholen. Het moet ook worden opgemerkt dat de understudy-werkplekken van de Grandes Ecoles helpen om extra posities veilig te stellen.

Verrijk je cv

Studentenwerk wordt de norm. Ook hier lijkt het Angelsaksische model te zegevieren. Want het gaat er niet alleen om het nodige geld te verdienen, maar ook om het tonen van een bepaalde gemoedstoestand. De vragen die tijdens wervingsgesprekken en vergelijkende examens worden gesteld, suggereren dat beroepservaring wordt verwacht. De student die aan de lopende band werkte om zijn vakantie of studie te betalen, had vroeger de neiging het te verbergen, als een episode die zijn sociale status onwaardig was. Het is nu omgekeerd. Toen ik deelnam aan een wedstrijdjury die kaderleden rekruteerde van de openbare dienst, merkte ik dat kandidaten, afgestudeerden van Sciences Po of advocaten die in aanmerking kwamen voor de ENA, benadrukten dat ze de oogst hadden gedaan of verkopers waren geweest bij Decathlon en dat de jury hen geïnteresseerd ondervroeg over deze ervaringen. Omgekeerd kan een goede student van streek raken door een vraag als "wat doe je naast je studie?" ", wat in contrast staat met de traditie van prepas, waar men binnenkomt zoals in religie, door "een kruis te maken op twee jaar van zijn leven", zoals sommige studenten in CPGE zeggen. Ze vinden dat het antwoord "mijn hele leven staat in het teken van mijn studie" niet het juiste is, zo erg zelfs dat zomerbaantjes nu ook zijn vormgegeven als lijnen in een cv. door "twee jaar van zijn leven af te schrijven", zoals sommige CPGE-studenten zeggen. Ze vinden dat het antwoord "mijn hele leven staat in het teken van mijn studie" niet het juiste is, zo erg zelfs dat vakantiebaantjes nu ook zijn vormgegeven als lijnen in een cv. door "twee jaar van zijn leven af te schrijven", zoals sommige CPGE-studenten zeggen. Ze vinden dat het antwoord "mijn hele leven staat in het teken van mijn studie" niet het juiste is, zo erg zelfs dat vakantiebaantjes nu ook zijn vormgegeven als lijnen in een cv.

Paradoxaal genoeg hebben studenten met een bevoorrechte achtergrond, net als bij stages, vaak de meeste kans om professionele ervaring op te doen. Vanaf het einde van hun eerste schooljaar lopen mijn oud-leerlingen twee maanden stage bij adviesbureaus, investeringsfondsen, reclamebureaus of audiovisuele bedrijven, dwz waar alle leerlingen naar streven.

Zowel voor studenten als voor anderen wordt toegang tot werk in de eerste plaats bereikt via persoonlijke relaties. Stages in de Londense of New Yorkse dochteronderneming van een grote Franse groep worden over het algemeen binnengehaald door studenten van wie de ouders in het bedrijf werken of iemand kennen werk daar. Ze krijgen vaak een stagevergoeding van 1.000 euro tot 1.500 euro per maand in plaats van het minimum van 400 euro dat elders de regel is... ook al hebben ze die niet per se nodig.

Kortom, beurzen zijn niet voldoende om de financiële autonomie van een student te waarborgen. Bankleningen zijn, afgezien van de meest winstgevende formaties, van een beperkt en gevaarlijk bedrag. Studentenjobs zijn niet zo gemakkelijk te vinden en beïnvloeden het examensucces. Gezinnen blijven dus in de frontlinie om het hoger onderwijs te financieren. Kunnen ze het betalen? De toename van het aantal beurzen en bankleningen suggereert dat dit niet het geval is. De tegenstelling tussen de groeiende behoefte aan hoger onderwijs en de stagnerende middelen van gezinnen zal daarom nog groter worden. Vooral omdat het op bijna alle punten dezelfden zijn die als winnaars uit de bus komen : rijke families kunnen gemakkelijk als bankgarantie fungeren voor de leningen van hun kinderen en de aanwezigheid van een goed gevulde rekening in hetzelfde filiaal verplicht de bankier praktisch tot het verstrekken van een studielening uit angst een goede klant te verliezen. De meest bevoorrechte gezinnen zijn ook degenen die dankzij hun relaties de beste banen en de beste stages voor hun kinderen vinden.

De kloof tussen twee werelden zal daardoor waarschijnlijk groter worden. Aan de ene kant hebben beroepsscholen, van IT tot paramedisch via de grote bedrijfs- of technische scholen, aanzienlijke materiële middelen vanwege de hoge bijdragen van studenten. Voor deze prijs hebben ze een beetje moeite met rekruteren, maar ze vertrouwen in de eerste plaats op welgestelde families en bieden effectieve financieringsoplossingen voor de anderen, uit de middenklasse: ze kunnen sommige beursontvangers vrijstellen van collegegeld. inschrijving op basis van sponsoring, afspraken maken met banken zodat studenten leningen tegen lage rente krijgen en middelen verschaffen om geld te verdienen, dankzij leer-werkprogramma's, stages en aanverwante banen met de vaardigheden van de studenten,

Aan de andere kant bieden algemene cursussen, te beginnen met die aan universiteiten, een lagere kwaliteit van dienstverlening vanwege een gebrek aan middelen, maar kunnen ze het collegegeld om politieke redenen nauwelijks verhogen of veel werk vergen van studenten die ook in loondienst zijn, omdat ze het erg moeilijk vinden om te lenen.

1. Daarentegen hebben de landen van het Noorden, zoals Denemarken, Finland en Zweden, die naar verhouding al het meest in hun hoger onderwijs investeren, ondanks de crisis hun budget verhoogd.

2. Lucia DELAPORTE, "Collegegeld in het hoger onderwijs: het offensief is gelanceerd",

Mediadeel, 18 maart 2014.

3. Lawrence B.ATSCH, Parijs-Dauphine. Wanneer de universiteit een school wordt. Interviews *met Denis Jambar*, PUF, Parijs, 2014.

4. Veronique SWHERE THE, "Sciences-Po: de opkomst van nieuwe schrik", Liberation, 7 juli 2014.

5. Gabrielle FACK en Julien G.RENET, "Verbetering van de toegang tot en het succes van studenten met een laag inkomen: bewijs van een groot, op behoeften gebaseerd subsidieprogramma", PSE Working Paper, nr. oh 2013-33, 2013.

6. OSTUDENT LIFE BSERVATORY, Betaalde activiteit, enquête over de leefomstandigheden van studenten 2013, www.ove-national.education.fr.

Gevolgtrekking

U niet persoonlijk woord, eerst. Nu ik dit stadium heb bereikt, verontwaardigd over de voordelen die geld biedt bij schoolcompetitie en over het lot van gezinnen die er weinig van hebben, kan de lezer zich terecht afvragen hoe ik gewetensvol les kan geven aan het publiek van de middelbare school met de meest bevoorrechte sociale -professionele compositie in de regio Parijs. Hoe kan ik deze rijke studenten ondersteunen, gecoacht, begeleid, die zonder aarzelen van plan zijn om voor enkele tienduizenden euro's per jaar naar een Zwitserse hotelschool of een Spaanse dierenartsschool te gaan? Het antwoord is heel eenvoudig: het zijn over het algemeen geweldige studenten.

Ze willen slagen, wat niet erg genoeg is, maar velen hebben ook een echte intellectuele nieuwsgierigheid en een bepaalde cultuur. Ze zijn vriendelijk, bewust en dankbaar voor de inspanningen die we leveren om hen te helpen. Wat een leraar motiveert, is dat hij nodig is. Men zou zich kunnen voorstellen dat deze behoefte het grootst is in probleemwijken. Maar hij drukt zich met grote moeite uit vanwege verschillende barrières of remmingen. Integendeel, op het Lycée Quesnay aarzelen de studenten, vooral de besten, niet om het aan de leraren te vragen. Het is ook waar dat de druk die op hen drukt aanzienlijk is.

En dan is er naast geld ook cultuur. Bepaalde

burgerlijke families geven hun kinderen inderdaad naast geld ook vaste waarden door. Er zijn nog enkele "erfgenamen", om de uitdrukking van Bourdieu en Passeron te gebruiken [1], die de liefde voor school, het oog voor informatie en humanistische kwaliteiten hebben geërfd, vaak verbonden aan een strikte praktijk. Om mijn studenten van het laatste jaar kennis te laten maken met de gedachte aan positieve segregatie, neem ik vaak als illustratie de voordelen die worden toegekend aan studenten die zich concentreren op een ZEP om Sciences Po binnen te gaan. Is het juist ? Dit jaar testte een understudy haar klasgenoten die zich klaarmaakten voor Sciences Po en die duidelijk niet profiteerden van deze voordelen: "Je vindt het niet onredelijk dat ze kunnen coördineren zonder de serieuze test af te leggen, voornamelijk in licht van het feit dat ze in een ZEP zitten? » Reactie van een geweldige understudy die onlangs ontdekte dat ze de oppositie van de sectie bombardeerde: "Het zal nooit de voordelen compenseren die ons sociale begin ons geeft. "Het is in wezen net zo mooi als Mats Wilander die een scheidsrechterskwestie herziet ter ondersteuning van zichzelf op matchpoint.

Het is ook heel duidelijk. Jongeren bevinden zich op de plek die hun sociale start hen toekomt, in een onderwijssysteem dat nooit geweldig is geweest, maar dat op een ondergrondse manier een beslissende en riskante wending neemt. Dit kader is vanaf nu niet de door de overheid gefinancierde opleidingsadministratie waarin ik heb onderzocht en waarin ik vanaf dat moment heb gewerkt. Het is allesbehalve een kwestie van het schudden van de onvergelijkbare Satan van de commodificatie van de school, overgebracht naar de multinationals van onderwijs. Het schoolsysteem in het centrum van Frankrijk blijft openbaar en gratis. De laatste tijd is echter een ander en krachtig vertrouwelijk voorstel tot ontploffing gekomen, gezien het afbrokkelen van de behoeftige openbare hulp en een buitengewoon indrukwekkende sociale interesse, gestimuleerd door het hectische verlangen van voogden om hun kinderen in de lift te krijgen. overheidssteun of in ieder geval om werkloosheid te voorkomen.

schaduw school

De uitbreiding van dit nieuwe aanbod vormt een systeem. De eilanden van het privéonderwijs vormen een archipel met grenzeloze implicaties, als het ware een schaduwonderwijssysteem. Net als schaduwfinanciering is de schaduwschool een wereldwijde eigenaardigheid van een monster, die zich snel voor onze ogen heeft ontwikkeld zonder dat we er acht op hebben geslagen. Net als schaduwfinanciering gaat het weg van de richtlijn van de specialisten. Net als zij is deze schaduwschool echt nuttig en de weg ernaartoe is contant geld.

Deze nieuwe regeling zorgt voor nieuwe verschillen. Vanaf hier, voor onbepaalde tijd, benadrukte het gesprek over educatieve onevenwichtigheden, uitzonderlijk apart gezet door gemaakt door Pierre Bourdieu, de rol van gezinscultuur, die vrijwel gelijk staat aan die van school, over de variabele mate van informatie over een onduidelijk onderwijssysteem voor voogden, van wie sommigen echte experts zijn geworden in het beheer van de "schoolberoepen" van hun jongeren. Aan deze constant aanwezige variabelen wordt momenteel de monetaire component toegevoegd. Over het algemeen genegeerd door sociologen, wordt de monetaire variabele niet eens genoemd door het programma Financiële aspecten en sociologie van de middelbare school in het gedeelte over sociale overdraagbaarheid en school.

De keuze voor contant geld beïnvloedt nieuwe bijeenkomsten. In feite ervaren de reguliere arbeiders evenveel de nadelige gevolgen van de nieuwe spelprincipes als van de oude, maar de geïnformeerde arbeidersklasse wordt momenteel eveneens beïnvloed. Hoewel hun inzicht in het kader en hun vermogen om hun kinderen te helpen hen een behoorlijke kans gaven om het voor hun potentiële voordeel te gebruiken, zijn ze momenteel gedwongen om de belangrijkste interesses op school te maken in de wens om de toekomst van hun kinderen veilig te stellen. kinderen . Ze wedden op de school en ontdekken de duizelingwekkende stijging van de kosten, waardoor de schoolcompetitie naar een veld is verplaatst dat niet van hen is.

Hoe zijn we daar gekomen?

Het is eigenlijk zo dat de school niet kan ontsnappen aan de huidige omstandigheden, waar de ontsporing begon. Werkloosheid doet in de eerste plaats enorm veel pijn aan voogden en soms ook aan kinderen. Het certificaat wordt gezien als het verplichte toegangspunt tot het bedrijfsleven; gezinnen zijn bereid om hun jongeren er met succes toegang toe te geven. De sociale onenigheid breidde zich vervolgens uit.

Ook leerzame arrangementen spelen hun rol. De vrijwel enige school bereikte eindelijk, daarna creëerden de lancering van middelbare scholen en de uitbreiding van het aantal afgestudeerden de omstandigheden voor verhoogde rivaliteit op alle niveaus van het onderwijssysteem. Vroeger was er niet één onderwijssysteem, zoals we graag denken, maar een paar gelijkwaardige kaders, gepland voor verschillende sociale classificaties. De mogelijkheid voor een paar prachtige onderdanen van de gewone arbeiders om deel te nemen aan de topcursussen voor het nageslacht van de bourgeoisie, conservatief elitisme genaamd, verhulde deze realiteit op ideale wijze.

Met de massaschool, die voor bijna iedereen toegankelijk is, is de onenigheid op school afgenomen. Bewakers van speciale stichtingen of stichtingen van de arbeidersklasse zijn echter niet bereid dit te erkennen. Ze reconstrueren het rechtstreeks door levensvatbare instructielessen te maken, waarvan de aanzienlijke kosten de meeste studenten vermijden. Sociale onenigheid wordt ook via een omweg hersteld door de pikorde van buurten en stichtingen en de steun die studenten krijgen, wat leidt tot een stijging van de graad van goede componenten. Om te slagen is het vooralsnog onvoldoende om jezelf correct uit te drukken en je lessen goed te leren. Op elitescholen is het percentage leerlingen dat uitblinkt in alle disciplines, tweetalig,

In deze context telt elk voordeel dat kan worden gemobiliseerd: kwaliteit van de school, begeleiding, academische ondersteuning. De massificatie van scholen heeft ook de effecten op de carrière vergroot van kleine verschillen in het niveau van diploma's, die investeringen op een soms gekke manier aanmoedigen - het komt bijvoorbeeld voor dat een student die is geaccepteerd bij ESCP Europe, bijvoorbeeld herhaaldelijk HEC heeft. Een minderheid beschikt over aanzienlijke financiële middelen en stelt deze middelen ten dienste van het succes van haar nakomelingen. Die bereidheid om te betalen is begrijpelijk: hoe kunt u uw kind weigeren om zich in te schrijven voor de school van zijn keuze of voor extra lessen die hem zullen helpen slagen? Samen met gezondheid is onderwijs het gebied waarop gezinnen hun financiële mogelijkheden oprekken. Deze vraag creëert een aanbod aangepast aan ieders middelen, dat dus kan gaan tot zeer goede diensten.

Ten slotte wordt overheidsgeld schaars. Het nationale onderwijsbudget houdt geen gelijke tred met veranderingen in demografie en kosten. De kwaliteit van het onderwijs gaat achteruit en het vinden van gekwalificeerde leraren wordt steeds moeilijker. Zoveel hiaten die de particuliere sector voeden. En het wonder van de markteconomie doet zich voor: er ontstaat onmiddellijk aanbod om aan de vraag te voldoen

fatalitas?

Door een kleine te generaliseren, in staat om de omstandigheid te zien zoals volgt: binnen de balans tussen open en privé die kenmerkend is voor gemengde economieën zoals de Franse economie, zijn de schalen een kwart eeuw gekanteld in het voordeel van de laatstgenoemde. De component aan het werk in instructie bevindt zich op het gebied van welzijn of uitkeringsadministratie. Elke keer leidt de afname van open speculatie, gekozen binnen de titel van budgettaire aanpassing en concurrentievermogen, tot de corruptie van het gegeven voordeel, op deze manier tot het creëren van een privéaanbod, aan de basis van een scheiding door contanten: de privé is voor degenen die kunnen betalen, het publiek, voor anderen. Om dit tweeledige raamwerk politiek draaglijk te maken, worden gratis cursussen van grootheid in stand gehouden en beurzen stellen een paar studenten van bescheiden stichtingen in staat om de statuur te bereiken; maar deze vrijstellingen die de show bevestigen, dienen als een plausibel excuus. Het standpunt is of misschien ontmoedigend. Kunnen we eraan ontkomen? In het huidige klimaat van stilstand, onderwerping aan de onvermijdelijke overweldigingen. onderwijs betalen om de kwaliteit ervan te behouden? Gratis onderwijs is wettelijk vastgelegd in Zweden en scholen hebben daar de middelen om te functioneren. Ruimtelijke segregatie? De Affelnet-procedure zorgde ervoor dat hij in het openbaar in Parijs een stap terug deed; wat de particuliere sector betreft, zou het heel goed in de schoolkaart kunnen worden geïntegreerd. In het Verenigd Koninkrijk of in Spanje heeft het quotabeleid de trend doorbroken. De betaalde voorbereidingen die essentieel zijn voor de concurrentie? Er ontstaan initiatieven om oplossingen te vinden, zoals SOSciencespo: Sciences Po-studenten helpen kandidaten bij het schrijven van hun begeleidende brief, geven ze mondelinge proefexamens, beantwoorden hun vragen.

Het voortzetten van de huidige trends is dan ook geenszins onvermijdelijk. De ontwikkeling van ons schoolsysteem zou gebaseerd kunnen zijn op andere, eerlijkere en effectievere grondslagen. Omdat de strijd tegen schooluitval van de minstbedeelden vandaag de zekerste manier is om de prestaties van ons schoolsysteem te verbeteren en de sociale cohesie te versterken.

Het is een maatschappelijke keuze.

BEDANKT

HET EINDE

www.ingramcontent.com/pod-product-compliance
Lightning Source LLC
Chambersburg PA
CBHW052341220526
45465CB00003BA/902